ÉLÉMENS

DE LA

GRAMMAIRE LATINE.

Lyon. — Imprimerie de J. M. BOURSY, rue de la Poulaillerie.

ÉLÉMENS
DE LA
GRAMMAIRE LATINE,
A L'USAGE DES COLLÉGES.

PAR M. LHOMOND,
PROFESSEUR ÉMÉRITE EN L'ANCIENNE UNIVERSITÉ DE PARIS.

Nouvelle Édition.

A LYON,
CHEZ RIVOIRE, LIBRAIRE,
PETITE RUE MERCIÈRE, N.° 11.
1832.

ÉLÉMENS

DE LA

GRAMMAIRE LATINE.

PREMIÈRE PARTIE.

Il y a en latin neuf sortes de mots : le *Nom*, l'*Adjectif*, le *Pronom*, le *Verbe*, le *Participe*, l'*Adverbe*, la *Préposition*, la *Conjonction* et l'*Interjection*.

PREMIÈRE ESPÈCE DE MOTS.

LE NOM.

Le *Nom* est un mot qui sert à nommer une personne ou une chose, comme *Pierre*, *Paul*, *livre*, *chapeau*, etc.

Il y a dans les Noms deux Nombres : le *Singulier*, quand on parle d'une seule personne ou d'une seule chose : ainsi *un homme*, *une rose*, sont au nombre *singulier*; le *Pluriel*, quand on parle de plusieurs personnes ou de plusieurs choses : ainsi *les hommes*, *les roses*, sont au nombre *pluriel*.

En latin le nom change sa dernière syllabe : ainsi, *rosa*, fait *rosæ*, *rosam*, *rosarum*, *rosis*, *rosas*. Ces différentes manières de finir un nom s'appellent *Cas*.

Il y a en latin six *Cas*, savoir : le *Nominatif*, le *Génitif*, le *Datif*, l'*Accusatif*, le *Vocatif* et l'*Ablatif*. Quand on récite de suite les six cas d'un nom, cela s'appelle *décliner*. Il y a en latin cinq *déclinaisons* différentes, que l'on distingue par le génitif singulier et le génitif pluriel.

PREMIÈRE DÉCLINAISON.

La première déclinaison a le génitif singulier en *æ*, et le génitif pluriel en *arum*.

NOMBRE SINGULIER.

Nominatif,	*f.*	Ros a,	*la Rose.*
Génitif,		Ros æ,	*de la Rose.*
Datif,		Ros æ,	*à la Rose.*
Accusatif,		Ros am,	*la Rose.*
Vocatif,	ô	Rosa,	*ô Rose.*
Ablatif,		Ros â,	*de la Rose.*

NOMBRE PLURIEL.

Nominatif,		Ros æ,	*les Roses.*
Génitif,		Ros arum,	*des Roses.*
Datif,		Ros is,	*aux Roses.*
Accusatif,		Ros as,	*les Roses.*
Vocatif,	ô	Ros æ,	*ô Roses.*
Ablatif,		Ros is,	*des Roses.*

Ainsi se déclinent tous les noms dont le génitif singulier est en *æ*, et le génitif pluriel en *arum*, comme :

Statua æ, *la Statue.*	**Mensa æ, *la Table.***
Hora æ, *l'Heure.*	**Herba æ, *l'Herbe.***
Porta æ, *la Porte.*	**Cauda æ, *la Queue***
Pluma æ, *la Plume.*	**Musca æ, *la Mouche.***

SECONDE DÉCLINAISON.

La seconde déclinaison a le génitif singulier en *i*, et le génitif pluriel en *orum*.

SINGULIER.

Nom.	*m.* Domin us,	*le Seigneur.*
Gén.	Domin i,	*du Seigneur.*
Dat.	Domin o,	*au Seigneur.*
Acc.	Domin um,	*le Seigneur.*
Voc.	ô Domin e,	*ô Seigneur.*
Abl.	Domin o,	*du Seigneur.*

PLURIEL.

Nom.	Domin i,	*les Seigneurs.**
Gén.	Domin orum,	*des Seigneurs.*
Dat.	Domin is,	*aux Seigneurs.*
Acc.	Domin os,	*les Seigneurs.*
Voc.	ô Domin i,	*ô Seigneurs.*
Abl.	Domin is,	*des Seigneurs.*

Ainsi se déclinent tous les noms dont le génitif singulier est en *i*, et le génitif pluriel en *orum*, comme :

Hortus ti, *le Jardin.*	Populus li, *le Peuple.*
Lupus pi, *le Loup.*	Cervus vi, *le Cerf.*
Corvus vi, *le Corbeau.*	Asinus ni, *l'Ane.*
Avus vi, *le Grand-père.*	Capillus i, *le Cheveu.*

NOMS de la seconde Déclinaison, qui ont le nominatif singulier en er *ou en* ir; *dans ces noms le vocatif est semblable au nominatif.*

SINGULIER.

Nom.	*m.* Puer,	*l'Enfant.*
Gén.	Puer i,	*de l'Enfant.*
Dat.	Puer o,	*à l'Enfant.*
Acc.	Puer um,	*l'Enfant.*
Voc.	ô Puer,	*ô Enfant.*
Abl.	Puer o,	*de l'Enfant.*

* Remarquez bien que dans les noms françois le pluriel se forme en ajoutant *s*.

2

PLURIEL.

Nom.	Puer i,	*les Enfans.*
Gén.	Puer orum,	*des Enfans.*
Dat.	Puer is,	*aux Enfans.*
Acc.	Puer os,	*les Enfans.*
Voc.	ô Puer i,	*ô Enfans.*
Abl.	Puer is,	*des Enfans.*

Ainsi se déclinent :

Magister tri, *le Maître.*	Liber bri, *le Livre.*
Aper pri, *le Sanglier.*	Vir viri, *l'Homme.*

Nom neutre de la seconde Déclinaison.

REMARQUE. Il y a en françois deux genres, le genre *masculin* et le genre *féminin*. Les noms d'hommes sont du masculin, comme le Grand-père, *Avus*. Les noms de femmes sont du féminin, comme la Fille, *Filia*; ensuite par imitation l'on a donné le genre masculin ou le genre féminin à des choses qui ne sont ni mâles ni femelles : ainsi l'on a fait le Jardin, *Hortus*, du masculin; la Rose, *Rosa*, du féminin. En latin il y a un troisième genre qu'on appelle *neutre*. Les noms qui ne sont ni du genre masculin, ni du genre féminin, sont du genre neutre.

Le genre de chaque nom est marqué ainsi : *m.* pour le masculin, *f.* pour le féminin, *n.* pour le neutre.

SINGULIER.

Nom.	*n.*	Templ um,	*le Temple.*
Gén.		Templ i,	*du Temple.*
Dat.		Templ o,	*au Temple.*
Acc.		Templ um,	*le Temple.*
Voc.	ô	Templ um,	*ô Temple.*
Abl.		Templ o,	*du Temple.*

PLURIEL.

Nom.	Templ a,	*les Temples.*
Gén.	Templ orum,	*des Temples.*

Dat.	Templ is,	*aux Temples.*
Acc.	Templ a	*les Temples.*
Voc.	ô Templ a	*ô Temples.*
Abl.	Templ is,	*des Temples.*

Ainsi se déclinent tous les noms neutres dont le génitif singulier est en *i*, et le génitif pluriel en *orum*, comme :

Brachium ii, *le Bras.*	Vinum i, *le Vin.*
Folium ii, *la Feuille.*	Collum i, *le Cou.*
Bellum i, *la Guerre.*	Exemplum i, *l'Exemple.*
Vitium ii, *le Vice.*	Studium ii, *l'Étude.*

TROISIÈME DÉCLINAISON.

La troisième déclinaison a le génitif singulier en *is*, et le génitif pluriel en *um*, ou en *ium*.

SINGULIER.

Nom.	*f.* Soror,	*la Sœur.*
Gén.	Soror is,	*de la Sœur.*
Dat.	Soror i,	*à la Sœur.*
Acc.	Soror em,	*la Sœur.*
Voc.	ô Soror,	*ô Sœur.*
Abl.	Soror e,	*de la Sœur.*

PLURIEL.

Nom.	Soror es,	*les Sœurs.*
Gén.	Soror um,	*des Sœurs.*
Dat.	Soror ibus,	*aux Sœurs.*
Acc.	Soror es,	*les Sœurs.*
Voc.	ô Soror es,	*ô Sœurs.*
Abl.	* Soror ibus,	*des Sœurs.*

Ainsi se déclinent tous les Noms masculins et féminins dont le génitif singulier est en *is*, et le génitif pluriel en *um*, comme :

* Tous les cas se forment du génitif singulier, excepté le Vocatif et le Nominatif.

Labor boris, *le Travail.*	Dolor loris, *la Douleur.*
Pater tris, *le Père.*	Mater tris, *la Mère.*
Virgo ginis, *la Jeune Fille.*	Sermo monis, *le Discours.*
Homo minis, *l'Homme.*	Miles litis, *le Soldat.*

Nom neutre de la troisième Déclinaison.

SINGULIER.

Nom.	*n.*	Corpus,	*le Corps.*
Gén.		Corpor is,	*du Corps.*
Dat.		Corpor i,	*au Corps.*
Acc.		Corpus,	*le Corps.*
Voc.	ô	Corpus,	*ô Corps.*
Abl.		Corpor e,	*du Corps.*

PLURIEL.

Nom.		Corpor a,	*les Corps.*
Gén.		Corpor um,	*des Corps.*
Dat.		Corpor ibus,	*aux Corps.*
Acc.		Corpor a,	*les Corps.*
Voc.	ô	Corpor a,	*ô Corps.*
Abl.		Corpor ibus,	*des Corps.*

Ainsi se déclinent les Noms neutres suivans :

Tempus poris, *le Temps.*	Olus leris, *le Légume.*
Caput pitis, *la Tête.*	Pecus coris, *le Troupeau.*
Lumen minis, *la Lumière.*	Pectus toris, *la Poitrine.*
Nemus moris, *le Bois.*	Vulnus neris, *la Blessure.*

SINGULIER.

Nom.	*f.*	Av is,	*l'Oiseau.*
Gén.		Av is,	*de l'Oiseau.*
Dat.		Av i,	*à l'Oiseau.*
Acc.		Av em,	*l'Oiseau.*
Voc.	ô	Av is,	*ô Oiseau.*
Abl.		Av e,	*de l'Oiseau.*

PLURIEL.

Nom.		Av es,	*les Oiseaux.*
Gén.		Av ium,	*des Oiseaux.*

Dat.	Av ibus,	*aux Oiseaux.*
Acc.	Av es,	*les Oiseaux.*
Voc.	ô Av es,	*ô Oiseaux.*
Abl.	Av ibus,	*des Oiseaux.*

Déclinez de même :

Nox noctis, *la Nuit.*
Collis is, *Colline.*
Mons tis, *Montagne.*
Mensis mensis, *le Mois.*
Cædes dis, *Carnage.*
Fons tis, *Fontaine.*

QUATRIÈME DÉCLINAISON.

La quatrième déclinaison a le génitif singulier en *ûs*, et le génitif pluriel en *uum*.

SINGULIER.

Nom.	*f.* Man us,	*la Main.*
Gén.	Man ûs,	*de la Main.*
Dat.	Man ui,	*à la Main.*
Acc.	Man um,	*la Main.*
Voc.	ô Man us,	*ô Main.*
Abl.	Man u,	*de la Main.*

PLURIEL.

Nom.	Man us,	*les Mains.*
Gén.	Man uum,	*des Mains.*
Dat.	Man ibus,	*aux Mains.*
Acc.	Man us,	*les Mains.*
Voc.	ô Man us,	*ô Mains.*
Abl.	Man ibus,	*des Mains.*

Ainsi se déclinent :

Fructus tûs, *le Fruit.*
Exercitus tûs, *l'Armée.*
Vultus tûs, *le Visage.*
Currus rûs, *le Char.*

Nom neutre de la quatrième Déclinaison.

REMARQUE. Les noms neutres de la quatrième déclinaison sont indéclinables au singulier, c'est-à-dire, qu'ils ne changent point leur dernière syllabe, mais ils se déclinent au pluriel.

SINGULIER.

Nom.	*n.*	Corn u,	*la Corne.*
Gén.		Corn u,	*de la Corne.*
Dat.		Corn u,	*à la Corne.*
Acc.		Corn u,	*la Corne.*
Voc.	ô	Corn u,	*ô Corne.*
Abl.		Corn u,	*de la Corne.*

PLURIEL.

Nom.		Corn ua,	*les Cornes.*
Gén.		Corn uum,	*des Cornes.*
Dat.		Corn ibus,	*aux Cornes.*
Acc.		Corn ua,	*les Cornes.*
Voc.	ô	Corn ua,	*ô Cornes.*
Abl.		Corn ibus,	*des Cornes.*

Ainsi se déclinent :

Genu, *le Genou.* | Tonitru, *le Tonnerre.*

CINQUIÈME DÉCLINAISON.

La cinquième déclinaison a le nominatif en *es*, le génitif singulier en *ei*, et le génitif pluriel en *erum.*

SINGULIER.

Nom.	*m. f.*	Di es,	*le Jour.*
Gén.		Di ei,	*du Jour.*
Dat.		Di ei,	*au Jour.*
Acc.		Di em,	*le Jour.*
Voc.	ô	Di es,	*ô Jour.*
Abl.		Di e,	*du Jour.*

PLURIEL.

Nom.		Di es,	*les Jours.*
Gén.		Di erum.	*des Jours.*
Dat.		Di ebus,	*aux Jours.*
Acc.		Di es,	*les Jours.*
Voc.	ô	Di es,	*ô Jours.*
Abl.		Di ebus,	*des Jours.*

Ainsi se déclinent :

Res rei, *la Chose.*	Facies ei, *le Visage.*
Species ei, *l'Apparence.*	Spes ei, *l'Espérance.*

REMARQUE. Les génitifs, datifs et ablatifs pluriels ne sont point usités, excepté dans *res*, *dies* et *species*.

TABLEAU GÉNÉRAL

Dans lequel on a mis sous un même coup d'œil toutes les Déclinaisons.

SINGULIER.

	1	2	3	4	5
N.	Rosa,	dominus,	soror,	manus,	dies.
G.	Rosæ,	domini,	sororis,	manûs,	diei.
D.	Rosæ,	domino,	sorori,	manui,	diei.
A.	Rosam.	dominum,	sororem,	manum,	diem.
V.	ô Rosa,	domine,	soror,	manus,	dies.
A.	Rosâ,	domino,	sorore,	manu,	die.

PLURIEL.

N.	Rosæ,	domini,	sorores,	manus,	dies.
G.	Rosarum,	dominorum,	sororum,	manuum,	dierum.
D.	Rosis,	dominis,	sororibus,	manibus,	diebus.
A.	Rosas,	dominos,	sorores,	manus,	dies.
V.	ô Rosæ,	domini,	sorores,	manus,	dies.
A.	Rosis,	dominis,	sororibus,	manibus,	diebus.

REMARQUE. Dans toutes les déclinaisons, les datifs et ablatifs pluriels sont semblables : de même les nominatifs et vocatifs pluriels.

Dans les noms neutres, le nominatif, l'accusatif et le vocatif, tant du singulier que du pluriel, sont toujours semblables ; et ces trois cas, au pluriel, sont toujours terminés en *a*.

RÈGLE DES NOMS,

Ou manière de joindre deux mots ensemble.

Manus *pueri.*

Pour joindre ensemble deux noms, en françois, nous mettons *de* entre les deux : la main de l'enfant. En latin, on met le second au génitif: Manus *pueri.*

Exemples.

L'heure du jour, *hora diei.*
Le fruit de l'arbre, *fructus arboris.*

De même au pluriel :

La table des seigneurs, *mensa dominorum.*
Le livre des enfans, *liber puerorum.*

SECONDE ESPÈCE DE MOTS.

L'ADJECTIF.

L'ADJECTIF est un mot que l'on ajoute au nom pour marquer la qualité d'une personne ou d'une chose, comme *bon* père, *bonne* mère, *beau* livre, *belle* image. *Bon*, *bonne*, *beau*, *belle*, sont des adjectifs * : ils se déclinent en latin, et ils ont les trois genres, masculin, féminin et neutre.

Il y a des adjectifs qui se rapportent à la première et seconde déclinaison, comme *bonus*, *bona*, *bonum*, *niger*, *nigra*, *nigrum;* la terminaison en *us* ou en *er* est pour le masculin, et se décline sur *dominus* ou *puer; bona* est pour le féminin, et se décline sur *rosa; bonum* est pour le neutre, et se décline sur *templum.*

MODÈLE DE DÉCLINAISON.

SINGULIER.

	m.	*f.*	*n.*
Nom.	Bonus,	bona,	bonum.
	Bon,	*bonne*,	*bon.*

* On connoît un adjectif, quand on peut y joindre le mot *chose* ou *personne;* ainsi *agréable*, *habile*, sont des adjectifs, parce qu'on peut dire, *chose* agréable, *personne* habile.

Gén.	Boni,	bonæ,	boni.
Dat.	Bono,	bonæ,	bono.
Acc.	Bonum,	bonam,	bonum.
Voc.	ô Bone,	ô bona,	ô bonum.
Abl.	Bono,	bonâ,	bono.

PLURIEL.

Nom.	Boni,	bonæ,	bona.
	Bons,	*bonnes*,	*bons.*
Gén.	Bonorum,	bonarum,	bonorum.
Dat.	Bonis,	bonis,	bonis.
Acc.	Bonos,	bonas,	bona.
Voc.	ô Boni,	ô bonæ,	ô bona.
Abl.	Bonis,	bonis,	bonis.

Ainsi se déclinent :

Sanctus,	sancta,	sanctum,	*Saint*,	*sainte*,	*saint.*
Doctus,	docta,	doctum,	*Savant*,	*savante*,	*savant.*
Magnus,	magna,	magnum,	*Grand*,	*grande*,	*grand.*
Parvus,	parva,	parvum,	*Petit*,	*petite*,	*petit.*

ADJECTIF EN *ER*.

SINGULIER.

Nom.	*m.* Niger,	*f.* nigra,	*n.* nigrum.
	Noir,	*noire*, *	*noir.*
Gén.	Nigri,	nigræ,	nigri.
Dat.	Nigro,	nigræ,	nigro.
Acc.	Nigrum,	nigram,	nigrum.
Voc.	ô Niger,	ô nigra,	ô nigrum.
Abl.	Nigro,	nigrâ,	nigro.

PLURIEL.

Nom.	Nigri,	nigræ,	nigra.
	Noirs,	*noires*,	*noirs.*
Gén.	Nigrorum,	nigrarum,	nigrorum.
Dat.	Nigris,	nigris,	nigris.
Acc.	Nigros,	nigras,	nigra.

* Remarquez bien que dans les adjectifs françois, le féminin se forme en ajoutant *e*.

Voc. ô Nigri, ô nigræ, ô nigra.
Abl. Nigris, nigris, nigris.

Ainsi se déclinent :

Pulcher, pulchra, pulchrum, *Beau, belle, beau.*
Piger, pigra, pigrum, *Paresseux, paresseuse, paresseux.*
Miser, misera, miserum, *Malheureux, malheureuse, malheureux.*
Liber, libera, liberum, *Libre, libre, libre.*

Il y a des adjectifs de la troisième déclinaison qui n'ont qu'une seule terminaison pour les trois genres, excepté l'accusatif.

SINGULIER.

m. f. n.

Nom. Prudens, *Prudent, prudente.*
Gén. Prudentis, } *pour les trois genres.*
Dat. Prudenti, }

m. f. *n.*

Acc. Prudentem, prudens.
Voc. ô Prudens, } *pour les trois genres.*
Abl. Prudente *ou* prudenti, }

PLURIEL.

m. f. *n.*

Nom. Prudentes, prudentia, *Prudens.*
Gén. Prudentium, } *pour les trois genres.*
Dat. Prudentibus, }
Acc. Prudentes, *n.* prudentia.
Voc. ô Prudentes, *n.* ô prudentia.
Abl. Prudentibus, *pour les trois genres.*

Ainsi se déclinent :

Sapiens tis, *Sage.*
Audax cis, *Hardi, hardie, hardi.*
Felix cis, *Heureux, heureuse.*
Velox cis, *Prompt, prompte.*

Il y a des adjectifs de la troisième déclinaison qui ont au nominatif deux terminaisons, comme *fortis*, *forte*. La première est pour le masculin et le féminin, et la seconde pour le neutre.

SINGULIER.

	m. f.	*n.*	
Nom.	Fortis,	forte,	*Courageux*, *courageuse*.
Gén.	Fortis,		*pour les trois genres.*
Dat.	Forti,		
	m. f.	*n.*	
Acc.	Fortem,	forte.	
Voc.	ô Fortis,	*n.* ô forte.	
Abl.	Forti,		*pour les trois genres.*

PLURIEL.

	m. f.	*n.*	
Nom.	Fortes,	fortia,	*Courageux*.
Gén.	Fortium,		*pour les trois genres.*
Dat.	Fortibus,		
	m. f.	*n.*	
Acc.	Fortes,	fortia.	
Voc.	ô Fortes,	*n.* ô fortia.	
Abl.	Fortibus,		*pour les trois genres.*

Ainsi se déclinent :

Utilis, utile, *Utile.*	Facilis, facile, *Facile.*
Comis, come, *Poli.*	Levis, leve, *Léger.*

REMARQUE. Les adjectifs de la troisième déclinaison qui ont le nominatif neutre en *e*, font l'ablatif en *i*, afin que l'on puisse distinguer ces deux cas.

Il y a quelques adjectifs de la troisième déclinaison qui ont trois terminaisons au nominatif et au vocatif singulier, comme :

SINGULIER.

	m.	*f.*	*n.*	
Nom.	Celeber,	celebris,	celebre,	*Célèbre.*
Gén.	Celebris,			*pour les trois genres.*
Dat.	Celebri,			
Acc.	Celebrem,		*n.* celebre.	

Voc.	ô Celeber, ô celebris, *n.* ô celebre.	
Abl.	Celebri, *pour les trois genres.*	

PLURIEL.

	m. f.	*n.*
Nom.	Celebres,	celebria, *Célèbres.*
Gén.	Celebrium,	*de tout genre.*
Dat.	Celebribus,	*de tout genre.*
	m. f.	*n.*
Acc.	Celebres,	celebria.
Voc.	ô Celebres,	*n.* ô celebria.
Abl.	Celebribus, *pour les trois genres.*	

Ainsi se déclinent :

Saluber, salubris, salubre, *Salutaire.*
Acer, acris, acre, *Vif.*
Celer, celeris, celere, *Prompt.*
Alacer, alacris, alacre, *Actif.*

La terminaison en *er* est pour le masculin seulement ; la terminaison en *is* est pour le masculin et le féminin.

RÈGLE DES ADJECTIFS,

Ou manière de joindre un adjectif avec un nom.

Pater *bonus.*

Tout adjectif se met au même genre, au même nombre et au même cas que le nom auquel il est joint.

Exemple.

SINGULIER.

Le père bon,	*la mère bonne,*	*l'exemple bon.*
Pater bonus,	mater bona,	exemplum bonum.
Patris boni,	matris bonæ,	exempli boni.
Patri bono,	matri bonæ,	exemplo bono.
Patrem bonum,	matrem bonam,	exemplum bonum.
ô Pater bone,	ô mater bona,	ô exemplum bonum.
Patre bono,	matre bonâ,	exemplo bono.

PLURIEL.

Les pères bons,	*les mères bonnes,*	*les exemples bons.*
Patres boni,	matres bonæ,	exempla bona.
Patrum bonorum,	matrum bonarum,	exemplorum bonorum.

Patribus	bonis,	matribus	bonis,	exemplis	bonis.
Patres	bonos,	matres	bonas,	exempla	bona.
ô Patres	boni,	ô matres	bonæ,	ô exempla	bona.
Patribus	bonis,	matribus	bonis,	exemplis	bonis.

Autre exemple.

SINGULIER.

Travail	*court,*	*heure*	*courte,*	*temps*	*court.*
Labor	brevis,	hora	brevis,	tempus	breve.
Laboris	brevis,	horæ	brevis,	temporis	brevis.
Labori	brevi,	horæ	brevi,	tempori	brevi.
Laborem	brevem,	horam	brevem,	tempus	breve.
ô Labor	brevis,	ô hora	brevis,	ô tempus	breve.
Labore	brevi,	horâ	brevi,	tempore	brevi.

PLURIEL.

Travaux	*courts,*	*heures*	*courtes,*	*temps*	*courts.*
Labores	breves,	horæ	breves,	tempora	brevia.
Laborum	brevium,	horarum	brevium,	temporum	brevium.
Laboribus	brevibus,	horis	brevibus,	temporibus	brevibus.
Labores	breves,	horas	breves,	tempora	brevia.
ô Labores	breves,	ô horæ	breves,	ô tempora	brevia.
Laboribus	brevibus,	horis	brevibus,	temporibus	brevibus.

TROISIÈME ESPÈCE DE MOTS.

LE PRONOM.

LE *pronom* est un mot qui tient la place du nom.

PRONOMS PERSONNELS.

Il y a trois personnes : la première personne est celle qui parle ; la seconde est celle à qui l'on parle ; la troisième est celle de qui l'on parle.

Pronom de la première personne.

SINGULIER.

Nom.	Ego, *je* ou *moi.*
Gén.	Meî, *de moi.*
Dat.	Mihi, *à moi.*
Acc.	Me, *moi.*

Il n'a pas de Vocatif.

Abl.	Me, *de moi.*

PLURIEL.

Nom.	Nos, *nous.*
Gén.	Nostrûm *ou* nostrî, *de nous.*
Dat.	Nobis, *à nous.*
Acc.	Nos, *nous.*
Abl.	Nobis, *de nous.*

Pronom de la seconde personne.

SINGULIER.

Nom.	Tu, *tu* ou *toi.*
Gén.	Tuî, *de toi.*
Dat.	Tibi, *à toi.*
Acc.	Te, *toi.*
Voc.	ô Tu, *ô toi.*
Abl.	Te, *de toi.*

PLURIEL.

Nom.	Vos, *vous.*
Gén.	Vestrûm *ou* vestrî, *de vous.*
Dat.	Vobis, *à vous.*
Acc.	Vos, *vous.*
Voc.	ô Vos, *ô vous.*
Abl.	Vobis, *de vous.*

Pronom de la troisième personne.

Il n'a pas de nominatif ; il est de tout genre, et le même au pluriel qu'au singulier.

SINGULIER et PLURIEL.

Gén.	Suî, *de soi, de lui-même, d'eux-mêmes,* ou *d'elles-mêmes.*
Dat.	Sibi, *à soi, à lui-même, à eux-mêmes, à elles-mêmes.*
Acc.	Se, *se, soi, lui-même, eux-mêmes, elles-mêmes.*
Abl.	Se, *de soi, d'eux-mêmes, d'elles-mêmes.*

PRONOMS ADJECTIFS.

SINGULIER.

	m. f. n.
Nom.	Is, ea, id, *il, elle, ce.*
Gén.	Ejus, *de lui, d'elle.*
Dat.	Ei, *à lui, à elle.*
Acc.	Eum, eam, id, *le, la, le.*
Abl.	Eo, eâ, eo, *de lui, d'elle.*

PLURIEL.

Nom.	Ii *ou* ei, eæ, ea, *ils, elles, ces.*
Gén.	Eorum, earum, eorum, *d'eux, d'elles.*
Dat.	Iis *ou* eis, *à eux, à elles.*
Acc.	Eos, eas, ea, *les, eux, elles.*
Abl.	Iis *ou* eis, *d'eux, d'elles.*

AUTRE.

SINGULIER.

	m. f. n.
Nom.	Hic, hæc, hoc, *celui-ci, celle-ci, cela.*
Gén.	Hujus, } *de tout genre.*
Dat.	Huic, }
Acc.	Hunc, hanc, hoc.
Abl.	Hoc, hâc, hoc.

PLURIEL.

Nom.	Hi, hæ, hæc, *ceux-ci, celles-ci, ces choses.*
Gén.	Horum, harum, horum.
Dat.	His, *de tout genre.*
Acc.	Hos, has, hæc.
Abl.	His, *de tout genre.*

AUTRE.

SINGULIER.

	m. f. n.
Nom.	Ille, illa, illud, *celui-là, celle-là, cela.*
Gén.	Illius, } *de tout genre.*
Dat.	Illi, }

Acc.	Illum, illam, illud.
Abl.	Illo, illâ, illo.

PLURIEL.

Nom.	Illi, illæ, illa, *ceux-là*, *celles-là*, *ces choses.*
Gén.	Illorum, illarum, illorum.
Dat.	Illis, *de tout genre.*
Acc.	Illos, illas, illa.
Abl.	Illis, *de tout genre.*

Déclinez de même Iste, ista, istud.

AUTRE.

SINGULIER.

	m. *f.* *n.*
Nom.	Ipse, ipsa, ipsum, *moi*, *toi*, ou *lui-même*, *elle-même*, *cela même.*
Gén.	Ipsius, } *de tout genre.*
Dat.	Ipsi, }
Acc.	Ipsum, ipsam, ipsum.
Abl.	Ipso, ipsâ, ipso.

PLURIEL.

Nom.	Ipsi, ipsæ, ipsa.
Gén.	Ipsorum, ipsarum, ipsorum.
Dat.	Ipsis, *de tout genre.*
Acc.	Ipsos, ipsas, ipsa.
Abl.	Ipsis, *de tout genre.*

AUTRE.

SINGULIER.

	m. *f.* *n.*
Nom.	Idem, eadem, idem, *le même*, *la même*, *le même.*
Gén.	Ejusdem, } *de tout genre.*
Dat.	Eidem, }
Acc.	Eumdem, eamdem, idem.
Abl.	Eodem, eâdem, eodem.

PLURIEL.

Nom.	Iidem, eædem, eadem, *les mêmes.*
Gén.	Eorumdem, earumdem, eorumdem.
Dat.	Iisdem *ou* eisdem, *de tout genre.*
Acc.	Eosdem, easdem, eadem.
Abl.	Iisdem *ou* eisdem, *de tout genre.*

Pronoms possessifs.

SINGULIER.

	m. *f.* *n.*
Nom.	Meus, mea, meum, *mon, ma, mon, le mien, la mienne, le mien.*
Gén.	Mei, meæ, mei.
Dat.	Meo, meæ, meo.
Acc.	Meum, meam, meum.
Voc.	ô Mi, ô mea, ô meum.
Abl.	Meo, meâ, meo.

PLURIEL.

Nom.	Mei, meæ, mea, *mes, les miens, les miennes, les miens.*
Gén.	Meorum, mearum, meorum.
Dat.	Meis, *de tout genre.*
Acc.	Meos, meas, mea.
Voc.	ô Mei, ô meæ, ô mea.
Abl.	Meis, *de tout genre.*

Ainsi se déclinent :

Tuus, a, um, *ton, ta, ton, le tien, la tienne, le tien.*
Suus, a, um, *son, sa, son, le sien, la sienne, le sien.*
Et Cujus, a, um, *à qui?* Mais ils n'ont point de vocatif.

SINGULIER.

	m. *f.* *n.*
Nom.	Noster, nostra, nostrum, *notre, le nôtre, la nôtre, le nôtre.*
Gén.	Nostri, nostræ, nostri.
Dat.	Nostro, nostræ, nostro.

Acc.	Nostrum, nostram, nostrum.
Voc.	ô Noster, ô nostra, ô nostrum.
Abl.	Nostro, nostrâ, nostro.

PLURIEL.

Nom.	Nostri, nostræ, nostra, *nos*, *les nôtres.*
Gén.	Nostrorum, nostrarum, nostrorum.
Dat.	Nostris, *de tout genre.*
Acc.	Nostros, nostras, nostra.
Voc.	ô Nostri, ô nostræ, ô nostra.
Abl.	Nostris, *de tout genre.*

Déclinez de même : Vester, vestra, vestrum, *votre, le vôtre, etc.*

RÈGLE. Les pronoms adjectifs, quand ils sont joints à un nom, s'accordent avec ce nom en genre, en nombre et en cas. *Exemples.* Mon père, *pater meus;* ma mère, *mater mea;* mon bras, *brachium meum.*

Pronom relatif.

SINGULIER.

	m. f. n.
Nom.	Qui, quæ, quod, *qui, laquelle, lequel.*
Gén.	Cujus, } *de tout genre.*
Dat.	Cui, }
Acc.	Quem, quam, quod.
Abl.	Quo, quâ, quo.

PLURIEL.

Nom.	Qui, quæ, quæ, *qui, lesquelles, lesquels.*
Gén.	Quorum, quarum, quorum.
Dat.	Quibus *et* queis, *de tout genre.*
Acc.	Quos, quas, quæ.
Abl.	Quibus *et* queis, *de tout genre.*

RÈGLE DU *QUI* RELATIF,

Ou manière de joindre le Qui relatif avec le Nom ou Pronom qui est devant, et que l'on appelle Antécédent.

On fait accorder en latin, *qui*, *quæ*, *quod*, en genre et en nombre avec son antécédent.

Exemples. Le père qui, *pater qui*; la mère qui, *mater quæ*; le temple qui, *templum quod.* *

Composés de Qui.

Dans les composés de *qui*, on décline seulement *qui*; les autres syllabes restent les mêmes.

m. *f.* *n.*

Nom. Quicunque, quæcunque, quodcunque, *quiconque*. *G.* Cujuscunque. *D.* Cuicunque, *de tout genre.*

AUTRE.

m. *f.* *n.*

Nom. Quidam, quædam, quoddam *et* quiddam, *un, certain.* *G.* Cujusdam. *D.* Cuidam, *de tout genre.*

AUTRE.

m. *f.* *n.*

Nom. Quilibet, quælibet, quodlibet *et* quidlibet, *qui l'on voudra.* *G.* Cujuslibet. *D.* Cuilibet. *De même.* Quivis, quævis, quodvis. *G.* Cujusvis. *D.* Cuivis.

Qui interrogatif, Quis?

SINGULIER.

	m.	*f.*	*n.*
Nom.	Quis,	quæ,	quid (*et* quod *avec un nom*), *qui, quel, quelle, quoi.*
Gén.	Cujus,	*de tout genre.*	
Dat.	Cui,		
Acc.	Quem,	quam,	quid (*et* quod *avec un nom*).
Abl.	Quo,	quâ,	quo.

* Les pronoms *hic*, *his*, *ille*, *ipse*, *iste*, s'accordent aussi en genre et en nombre avec le nom dont ils tiennent la place : ainsi, en parlant de la tête, nous disons *elle*, parce que tête est du féminin : en latin, il faut mettre *illud*, parce que *caput* est du neutre.

PLURIEL.

	m.	*f.*	*n.*
Nom.	Qui, quæ, quæ, *qui, quels, quelles.*		
Gén.	Quorum, quarum, quorum.		
Dat.	Quibus, *de tout genre.*		
Acc.	Quos, quas, quæ.		
Abl.	Quibus, *de tout genre.*		

Composés de Quis.

On décline seulement *quis*; les autres syllabes restent les mêmes.

m. *f.* *n.*

Nom. Quisnam, quænam, quodnam *et* quidnam, *quel, quelle, quelle chose. G.* Cujusnam. *D.* Cuinam, *de tout genre.*

m. *f.* *n.*

Nom. Quispiam, quæpiam, quodpiam *et* quidpiam, *quelqu'un, quelqu'une, quelque chose. G.* Cujuspiam. *D.* Cuipiam.

De même : Nom. Quisquam, quæquam, quodquam *et* quidquam. *G.* Cujusquam. *D.* Cuiquam, *de tout genre.*

m. *f.* *n.*

Nom. Quisque, quæque, quodque *et* quidque, *chacun, chacune, chaque chose. G.* Cujusque, *D.* Cuique, *de tout genre.*

Nom. Quisque, *masc.* quidquid, *neut. qui que ce soit, tout ce qui.* Il n'a que les cas suivans : *Dat. sing.* Cuicui. *Abl.* Quoquo. *Acc. plur.* Quosquos.

Dans les deux composés suivans, *quis* est à la fin du mot, et les cas neutres au pluriel sont en *a.*

Nom. Aliquis, aliqua, aliquod *et* aliquid, *quelque, quelqu'un, quelque, quelque chose. G.* Alicujus. *D.* Alicui. *Devant un nom de choses qui se comptent, on dit au pluriel* Aliquot (*indéclinable*).

Nom. Ecquis, ecqua, ecquod *et* ecquid, *quel, quelle, quoi. G.* Eccujus. *D.* Eccui.

Dans Unusquisque, *chacun, on décline* unus *et* quisque.

Nom. Unusquisque, unaquæque, unumquodque. *G.* Uniuscujusque. *D.* Unicuique. *Acc.* Unumquemque, unamquamque, unumquodque. *Abl.* Unoquoque, unâquâque, unoquoque.

SUPPLÉMENT AUX DÉCLINAISONS.

PREMIÈRE DÉCLINAISON.

1.° Il y a huit noms de la première déclinaison qui ont le datif et l'ablatif pluriels en *abus*, comme:

PLURIEL.

Nominatif,	Famul	æ,	*les Servantes.*
Génitif,	Famul	arum,	*des Servantes.*
Datif,	Famul	abus,	*aux Servantes.*
Accusatif,	Famul	as,	*les Servantes.*
Vocatif,	ô Famul	æ,	*ô Servantes.*
Ablatif,	Famul	abus,	*des Servantes.*

Déclinez de même *anima, equa, filia, asina, mula, nata, dea.* Par cette terminaison en *abus* l'on distingue ces noms féminins des masculins qui y répondent, *famulus, animus, equus, filius, asinus, mulus, natus, deus.*

2.° Il y a des noms de la première déclinaison, dont le nominatif est en *e*, qui font au génitif *es*, à l'accusatif *en*, comme :

SINGULIER.

Nom.	Music	e,	*la Musique.*
Gén.	Music	es,	*de la Musique.*
Dat.	Music	æ,	*à la Musique.*

Acc.	Music en,	*la Musique.*
Voc.	ô Music e,	*ô Musique.*
Abl.	Music e,	*de la Musique.*

Déclinez de même *grammatice*, *ces*, la grammaire; *Epitome*, *mes*, abrégé; *Cybele*, *les*, Cybèle, déesse des païens; *rhetorice*, *ces*, la rhétorique.

3.° Il y a des noms dont le nominatif est en *es*, qui font au génitif *æ*, à l'accusatif *en*, comme :

SINGULIER.

Nom.	Comet es,	*la Comète.*
Gén.	Comet æ,	*de la Comète.*
Dat.	Comet æ,	*à la Comète.*
Acc.	Comet en,	*la Comète.*
Voc.	ô Comet e,	*ô Comète.*
Abl.	Comet e,	*de la Comète.*

4.° Il y a des noms dont le nominatif est en *as*, qui font à l'accusatif *an*, comme :

Nom.	Æne as,	*Enée* (nom d'homme).
Gén.	Æne æ,	*d'Enée.*
Dat.	Æne æ,	*à Enée.*
Acc.	Æne an,	*Enée.*
Voc.	ô Æne a,	*ô Enée.*
Abl.	Æne â,	*d'Enée.*

Le pluriel de tous ces noms se décline comme *rosæ*, *rosarum*; mais les noms propres n'ont point de pluriel.

REMARQUE. Le nom *familia* fait aussi au génitif *familiâs* : un père de famille, *pater-familiâs*; un fils de famille, *filius-familiâs*.

SECONDE DÉCLINAISON.

Il y a des noms de la seconde déclinaison qui ont le vocatif en *i*, comme :

SINGULIER.

Nom.	Fil ius,	*le Fils.*
Gén.	Fil ii,	*du Fils.*

Dat.

Dat.	Fil io,	*au Fils.*
Acc.	Fil ium,	*le Fils.*
Voc.	ô Fil i,	*ô Fils.*
Abl.	Fil io,	*du Fils.*

(Le pluriel comme *Domini*, *Dominorum.*)

Déclinez de même *Genius*, et les noms propres en *ius* : Antonius, nii, *Antoine ;* Horatius, tii, *Horace ;* Pompeius, peii, *Pompée ;* Virgilius, lii, *Virgile.*

Les noms *Deus*, *agnus* et *chorus*, ont le vocatif semblable au nominatif.

SINGULIER.

Nom.	De us,	*Dieu.*
Gén.	De i,	*de Dieu.*
Dat.	De o,	*à Dieu.*
Acc.	De um,	*Dieu.*
Voc.	ô De us,	*ô Dieu.*
Abl.	De o,	*de Dieu.*

PLURIEL (*chez les Païens*).

Nom.	Di i	*les Dieux.*
Gén.	De orum,	*des Dieux.*
Dat.	Di is,	*aux Dieux.*
Acc.	De os,	*les Dieux.*
Voc.	ô Di i,	*ô Dieux.*
Abl.	Di is,	*des Dieux.*

Nom de la seconde déclinaison, tiré du grec.

SINGULIER.

Nom.	Orph eus,	*Orphée* (nom d'homme).
Gén.	Orph ei *ou* Orph eos,	*d'Orphée.*
Dat.	Orph eo	*à Orphée.*
Acc.	Orph eum, Orph eon, Orph ea,	*Orphée.*
Voc.	ô Orph eu,	*ô Orphée.*
Abl.	Orph eo,	*d'Orphée.*

Déclinez de même *Perseus*, Persée ; *Theseus*, Thésée ; *Morpheus*, Morphée.

TROISIÈME DÉCLINAISON.

Il y a des noms de la troisième déclinaison qui ont l'accusatif singulier en *im*, comme :

SINGULIER.

Nom.	Secur is,	*la Hache.*
Gén.	Secur is,	*de la Hache.*
Dat.	Secur i,	*à la Hache.*
Acc.	Secur im,	*la Hache.*
Voc.	ô Secur is,	*ô Hache.*
Abl.	Secur i,	*de la Hache.*

Déclinez de même *sitis*, la soif; *tussis*, la toux; *pelvis*, un bassin; *vis*, *vis*, la force; les noms de fleuves en *is*, comme *Tiberis*, le Tibre; *Tigris*, le Tigre; *Araris*, la Saône.

Les noms *clavis*, *sementis*, ont l'accusatif en *em* ou en *im*. *Puppis*, *aqualis*, *restis*, *febris*, *turris*, font plutôt à l'accusatif *puppim* que *puppem*, etc. Au contraire *navis*, *strigilis*, font plutôt *navem* que *navim*, etc.

L'ablatif singulier de la troisième déclinaison se forme de l'accusatif, en retranchant *m*. Ainsi il y a des noms de la troisième déclinaison qui font l'ablatif singulier en *i*, comme *securi*, *siti*, etc.

De plus, les noms neutres dont le nominatif est en *e*, ou en *al*, et en *ar*, font l'ablatif singulier en *i*, comme :

SINGULIER.

Nom.	*n.* Cubil e,	*le Lit.*
Gén.	Cubil is,	*du Lit.*
Dat.	Cubil i,	*au Lit.*
Acc.	Cubil e,	*le Lit.*
Voc.	ô Cubil e,	*ô Lit.*
Abl.	Cubil i,	*du Lit.*

Les noms neutres qui ont l'ablatif en *i*, ont le pluriel en *ia*, comme :

PLURIEL.

Nom.	Cubil ia,	*les Lits.*
Gén.	Cubil ium,	*des Lits.*
Dat.	Cubil ibus,	*aux Lits.*
Acc.	Cubil ia,	*les Lits.*
Voc.	ô Cubil ia,	*ô Lits.*
Abl.	Cubil ibus,	*des Lits.*

Il y a des noms de la troisième déclinaison qui ont le génitif pluriel en *ium*, savoir :

1.° Les noms qui ont l'ablatif singulier en *i*, comme *cubilium*, *securium*, etc.

2.° Les noms en *es* et en *is* qui n'ont pas plus de syllabes au génitif qu'au nominatif, comme *clades*, *cladis; mensis*, *mensis*, etc., ont le génitif pluriel en *ium*, quoiqu'ils aient l'ablatif singulier en *e*.

3.° Les monosyllabes, c'est-à-dire ceux qui n'ont qu'une seule syllabe au nominatif, comme *ars*, *lis*, *dos*, *nox*, etc. ont la plupart le génitif pluriel en *ium*.

L'usage apprendra les exceptions.

Les noms neutres terminés en *ma*, ont un double datif et ablatif pluriels.

SINGULIER.

Nom.	Poem a,	*le Poëme.*
Gén.	Poem atis,	*du Poëme.*
Dat.	Poem ati,	*au Poëme.*
Acc.	Poem a,	*le Poëme.*
Voc.	ô Poem a,	*ô Poëme.*
Abl.	Poem ate,	*du Poëme.*

PLURIEL.

Nom.	Poem ata,	*les Poëmes.*
Gén.	Poem atum,	*des Poëmes.*

Dat.	Poem atis *ou* Poem atibus,	*aux Poëmes.*
Acc.	Poem ata,	*les Poëmes.*
Voc.	ô Poem ata,	*ô Poëmes.*
Abl.	Poem atis *ou* Poem atibus,	*des Poëmes.*

Déclinez ainsi, *ænigma*, *matis*, enigme; *diadema*, *matis*, diadème; *dogma*, *matis*, dogme; *stratagema*, *matis*, stratagème.

Le nom *bos*, *bovis*, fait au pluriel : Nom. *boves*, Gén. *boum*, Dat. *bobus*, Acc. *boves*, Voc. *ô boves*, Abl. *bobus.*

Noms de la troisième déclinaison, tirés du grec, en esis, isis.

SINGULIER.

Nom.	Hæres is,	*l'Hérésie.*
Gén.	Hæres is *ou* Hæres eos,	*de l'Hérésie.*
Dat.	Hæres i,	*à l'Hérésie.*
Acc.	Hæres im *ou* Hæres in,	*l'Hérésie.*
Voc.	ô Hæres is,	*ô Hérésie.*
Abl.	Hæres i,	*de l'Hérésie.*

PLURIEL.

Nom.	Hæres es,	*les Hérésies.*
Gén.	Hæres eon,	*des Hérésies.*
Dat.	Hæres ibus,	*aux Hérésies.*
Acc.	Hæres es,	*les Hérésies.*
Voc.	ô Hæres es,	*ô Hérésies.*
Abl.	Hæres ibus,	*des Hérésies.*

Ainsi se déclinent *poesis*, la poésie; *thesis*, la thèse; *Genesis*, la Genèse; *phrasis*, la phrase.

AUTRE NOM.

SINGULIER.

Nom.	Her os,	*le Héros.*
Gén.	Her ois,	*du Héros.*
Dat.	Her oi,	*au Héros.*

Acc.	Her oem *ou* Her oa,	*le Héros.*
Voc.	ô Her os,	*ô Héros.*
Abl.	Her oe,	*du Héros.*

PLURIEL.

Nom.	Her oes,	*les Héros.*
Gén.	Her oum,	*des Héros.*
Dat.	Her oibus,	*aux Héros.*
Acc.	Her oes *ou* Her oas,	*les Heros.*
Voc.	ô Her oes,	*ô Héros.*
Abl.	Her oibus,	*des Héros.*

Ainsi se déclinent les noms grecs, 1.° en *as*, comme *Pallas, Palladis*, Acc. *adem* ou *ada; Arcas, Arcadis*, Acc. *adem* ou *ada.*

2.° En *er*, comme *aer, aeris*, l'air, Acc. *aerem* ou *aera; æther, ætheris*, Acc. *ætherem* ou *æthera; crater, crateris*, coupe.

3.° En *is*, *idis*, comme *Iris*, *Iridis*, arc-en-ciel, Acc. *Iridem* ou *Irida*, on dit aussi *Irim; Phyllis, idis*, nom de femme, Acc. *Phyllidem* ou *ida*. Mais les noms masculins en *is*, *idis*, font mieux *im* ou *in*, comme *Daphnis*, Acc. *Daphnim* ou *Daphnin; Paris*, Acc. *Parim* ou *Parin.*

Tigris, *Tigridis*, le Tigre, fait seulement à l'accusatif *Tigrin*, *Tigrim* ou *Tigridem.*

4.° En *ix*, *igis* : *Phryx*, *Phrygis*, Phrygien, Acc. *Phrygem* ou *Phryga.*

5.° Les noms de pays en *o*, *onis*, comme *Macedo*, *Macedonis*, Macédonien, Acc. *Macedonem* ou *Macedona.*

REMARQUE. Les accusatifs singuliers en *a* ne se disent guère qu'en poésie; mais les accusatifs pluriels en *as* sont plus usités partout.

QUATRIÈME DÉCLINAISON.

Jésus, nom de notre Sauveur, fait à l'accusatif *Jesum*, et à tous les autres cas il fait *Jesu.*

Les neuf noms suivans font *ubus* au datif et à l'ablatif pluriels : *arcus*, un arc, *arcubus; artus*, les membres du corps, *artubus; lacus*, un lac, *lacubus; tribus*, une tribu, *tribubus; portus*, un port, *portubus; quercus*, un chêne, *quercubus; specus*, une caverne, *specubus; partus*, l'enfantement, *partubus; veru*, une broche, *verubus.*

NOM IRRÉGULIER.

SINGULIER.

Nom.	Dom us,	*la Maison.*
Gén.	Dom ûs *et* Dom i,	*de la Maison.*
Dat.	Dom ui *et* Dom o,	*à la Maison.*
Acc.	Dom um,	*la Maison.*
Voc.	ô Dom us,	*ô Maison.*
Abl.	Dom o,	*de la Maison.*

PLURIEL.

Nom.	Dom us,	*les Maisons.*
Gén.	Dom orum *et* Domuum,	*des Maisons.*
Dat.	Dom ibus,	*aux Maisons.*
Acc.	Dom os *et* Dom us,	*les Maisons.*
Voc.	ô Dom us,	*ô Maisons.*
Abl.	Dom ibus,	*des Maisons.*

L'usage apprendra les autres exceptions.

Remarque sur les Noms composés.

Si le nom est composé de deux nominatifs, chaque nom se décline dans tous les cas. *Exemple :* Respublica, *la république* ; *Gén.* reipublicæ ; *Dat.* reipublicæ ; *Acc.* rempublicam ; *Abl.* republicâ. De même *jusjurandum*, le serment, *jurisjurandi*, *jurijurando.*

Mais si le nom est composé d'un nominatif et d'un autre cas, on ne décline que celui qui est au nominatif. *Ex.* Pater-familiâs, *Gen.* Patris-familiâs; *Dat.* Patri-familiâs.

NOMS DE NOMBRE.

Les noms de nombre servent à compter ou à ranger les choses.

Il y a deux sortes de noms de nombre : le *nombre cardinal* marque simplement le nombre, comme *unus*, *duo*, *tres*, un, deux, trois; le *nombre ordinal* marque l'ordre et le rang de chaque chose, comme *primus*, *secundus*, *tertius*, le premier, le second, le troisième.

Nombres Cardinaux.

SINGULIER.

Nom. Unus, una, unum, *un*, *une*, *un*.
Gén. Unius, } *de tout genre.*
Dat. Uni, }
Acc. Unum, unam, unum.
Abl. Uno, unâ, uno.

REMARQUE. Ainsi se déclinent :

1.° Ullus, ulla, ullum, *aucun*, *aucune*, sans négation; *Gén.* ullius; *Dat.* ulli; *Acc.* ullum, ullam, ullum; *Abl.* ullo, ullâ, ullo.

2.° Nullus, nulla, nullum, *aucun*, *aucune*, *pas un*; *Gén.* nullius, etc.

3.° Solus, sola, solum, *seul*, *seule*; *Gén.* solius; *Dat.* soli; *Acc.* solum, solam, solum; *Abl.* solo, solâ, solo.

4.° Totus, tota, totum, *tout*, *toute*; *Gén.* totius; *Dat.* toti, etc.

5.° Alius, alia, aliud, *autre*; *Gén.* alius; *Dat.* alii.

6.° Alter, altera, alterum, *autre*; *Gén.* alterius; *Dat.* alteri.

7.° Uter, utra, utrum, *lequel des deux; Gén.* utrius; *Dat.* utri.

Neuter, neutra, neutrum, *ni l'un ni l'autre; Gén.* neutrius; *Dat.* neutri.

Uterque, utraque, utrumque, *l'un et l'autre; Gén.* utriusque; *Dat.* utrique.

Alteruter, alterutra, alterutrum, *l'un ou l'autre; Gén.* alterutrius; *Dat.* alterutri.

PLURIEL.

Nom.	Duo,	duæ,	duo,	*deux.*
Gén.	Duorum,	duarum,	duorum,	*de deux.*
Dat.	Duobus,	duabus,	duobus,	*à deux.*
Acc.	Duos *ou* duo,	duas,	duo,	*deux.*
Abl.	Duobus,	duabus,	duobus,	*de deux.*

Ainsi se déclinent *ambo, ambæ, ambo*, les deux, tous deux.

PLURIEL.

Nom. Tres, tres, tria, *trois.*
Gén. Trium, } *de tout genre.*
Dat. Tribus, }
Acc. Tres, tres, tria.
Abl. Tribus, *de tout genre.*

Les autres noms de nombre jusqu'à *cent* * sont indéclinables : *quatuor*, quatre; *quinque*, cinq; *sex*, six; *septem*, sept; *octo*, huit; *novem*, neuf.

SUPPLÉMENT AUX ADJECTIFS.

On distingue dans les adjectifs et les adverbes trois degrés de signification, le *positif*, le *comparatif*, et le *superlatif*. Le positif n'est autre chose que l'adjectif ou l'adverbe simple, comme *saint*, *saintement*, sanctus, sanctè.

---

* Au-dessus de *cent*, quand il y a deux mots pour exprimer un nombre, le moindre nombre se met le premier : ainsi l'on dit *unus et viginti*, *duo et viginti*, *tres et viginti*, etc.

Le comparatif est la signification de l'adjectif ou de l'adverbe dans un plus haut degré, comme *plus* saint, *plus* saintement, *sanctior*, *sanctiùs*. On connoît le comparatif, quand il y a *plus* devant un adjectif ou un adverbe.

Le superlatif est la signification de l'adjectif ou de l'adverbe dans le plus haut degré, comme *le plus* saint, *le plus* saintement, *sanctissimus*, *sanctissimè*.

On connoît le superlatif, quand devant un adjectif ou un adverbe, il y a *le plus*, *la plus*, *bien*, *très*, *fort*, etc. C'est encore un superlatif, quand devant *plus*, il y a *mon*, *ton*, *son*, *notre*, *votre*; comme *mon plus* fidèle ami.

Le comparatif latin se forme du cas de l'adjectif terminé en *i*, auquel on ajoute *or* pour le masculin et le féminin, et *us* pour le neutre et pour le comparatif adverbe : ainsi du génitif *sancti*, on formera *sanctior*, masc. et féminin, *sanctius*, neutre; du datif *forti*, on formera *fortior*, masc. et féminin, *fortius* neutre; *sanctior* se décline sur *soror*, et *sanctius* comme *corpus*.

Le superlatif latin se forme aussi du cas de l'adjectif terminé en *i*, auquel on ajoute *ssimus*, *ssima*, *ssimum*; et pour le superlatif adverbe, on ajoute *ssimè* : ainsi, du génitif *sancti*, on formera *sanctissimus*, *a*, *um*, et *sanctissimè*; du datif *forti*, on formera *fortissimus*, *a*, *um*, et *fortissimè*.

Observations.

1.° Les adjectifs en *er* forment leur superlatif du nominatif masculin, en ajoutant *rimus* : *pulcher*, *pulcherrimus*, *rima*, *rimum*.

2.° Quelques adjectifs en *lis*, comme *facilis*, *difficilis*, *humilis*, *gracilis*, *imbecillis*, forment leur superlatif en *illimus*, comme *facilis*, *facilli-*

mus (mais *utilis* fait *utilissimus*, régulièrement).

3.° Les adjectifs en *dicus*, *ficus*, *volus*, comme *maledicus*, *mirificus*, *benevolus*, forment leur comparatif en *entior*, et leur superlatif en *entissimus*. Ex. *Maledicus*, comp. *maledicentior*; superl. *maledicentissimus*; *benevolus*, comp. *benevolentior*; superl. *benevolentissimus*.

4.° Les quatre adjectifs suivans forment leurs comparatifs et superlatifs très-irrégulièrement : *bonus*, bon; *melior*, meilleur; *optimus*, très-bon; *malus*, mauvais; *pejor*, pire; *pessimus*, très-mauvais; *magnus*, grand; *major*, plus grand; *maximus*, très-grand; *parvus*, petit; *minor*, plus petit; *minimus*, très-petit.

Remarque. Les adjectifs terminés en *ius*, *eus*, *uus*, n'ont ni comparatifs, ni superlatifs; alors on exprime *plus* par *magis* avec le positif, et *le plus*, par *maximè*. *Pius*, pieux, *magis pius*, plus pieux; *maximè pius*, très-pieux.

RÈGLE DES COMPARATIFS.

Doctior Petro.

Le comparatif veut à l'ablatif le nom qui suit, en supprimant le *que* : plus savant que Pierre, *doctior Petro*. On peut aussi exprimer le *que* par *quàm*, et mettre après même cas que devant : Paul est plus savant que Pierre, *Paulus est doctior quàm Petrus*.

RÈGLE DES SUPERLATIFS.

Altissima arborum, ou *ex arboribus*, ou *inter arbores.*

Le superlatif veut le nom pluriel suivant au génitif, ou à l'ablatif avec *è* ou *ex*, ou à l'accusatif avec *inter*.

Exemple : Le plus haut des arbres, *altissima arborum*, ou *ex arboribus*, ou *inter arbores.*

REMARQUE. Le superlatif prend le genre du nom pluriel qui suit : *altissima* est du féminin, parce que son régime *arborum* est du féminin.

QUATRIÈME ESPÈCE DE MOTS.

Le Verbe.

LE mot dont on se sert pour exprimer que l'on est, ou que l'on fait quelque chose, s'appelle *Verbe :* ainsi le mot *être*, je *suis*, etc. est un verbe. Le mot *lire*, je *lis*, etc. est un verbe.

On connoît un verbe en françois, quand on peut y ajouter ces pronoms, *je*, *tu*, *il*, *nous*, *vous*, *ils* ou *elles :* comme *je* lis, *tu* lis, *il* lit, *nous* lisons, *vous* lisez, *ils* lisent.

Ces mots *je*, *nous*, marquent la première personne, c'est-à-dire, celle qui parle.

Ces mots *tu*, *vous*, marquent la seconde personne, c'est-à-dire, celle à qui l'on parle.

Ces mots, *il*, *elle*, *ils*, *elles*, et tout nom mis devant un verbe, marquent la troisième personne, c'est-à-dire, celle de qui l'on parle.

Il y a dans les verbes deux nombres, le singulier, quand on parle d'une seule personne, comme *l'enfant dort ;* et le pluriel, quand on parle de plusieurs personnes, comme *les enfans dorment.*

Il y a trois temps, le présent qui marque que la chose se fait actuellement, comme *je lis;* le passé ou prétérit, qui marque que la chose a été faite, comme *j'ai lu*; le futur, qui marque que la chose se fera, comme *je lirai.*

On distingue trois sortes de prétérits ou passés ;

savoir : l'imparfait, *je lisois;* le parfait, *j'ai lu;* et le plus-que-parfait, *j'avois lu.*

Il y a aussi deux futurs, le futur simple, *je lirai*, et le futur passé, *j'aurai lu.*

Il y a quatre modes dans les verbes :

1.° L'indicatif, quand on affirme que la chose se fait, ou qu'elle s'est faite, ou qu'elle se fera.

2.° L'impératif, quand on commande de la faire.

3.° Le subjonctif, quand on souhaite ou qu'on doute qu'elle se fasse.

4.° L'infinitif, qui exprime l'action en général, sans nombres, ni personnes, comme *lire.* Ce dernier mode contient le participe, le supin et le gérondif, qui sont des noms formés du verbe.

Réciter de suite les différens modes d'un verbe avec tous leurs temps, leurs nombres et leurs personnes, cela s'appelle *conjuguer.*

Il y a en latin quatre conjugaisons : la première fait à l'infinitif *āre*, et à la seconde personne du présent de l'indicatif *as.*

La seconde conjugaison fait à l'infinitif *ēre*, et à la seconde personne du présent de l'indicatif *es.*

La troisième conjugaison fait à l'infinitif *ĕre*, et à la seconde personne du présent de l'indicatif *is.*

La quatrième conjugaison fait à l'infinitif *īre*, et à la seconde personne du présent de l'indicatif *is.*

Il faut commencer par le verbe *Sum*, je suis, que l'on appelle verbe *substantif*, et le verbe *Habeo*, j'ai, parce que le premier sert à conjuguer les verbes passifs, tant en françois qu'en latin, et le second à conjuguer les temps passés des verbes *actifs.*

INDICATIF.

Présent.

Sing.	Sum,	*je suis.*
	Es,	*tu es.*
	Est,	*il est.*
Plur.	Sumus,	*nous sommes.*
	Estis,	*vous êtes.*
	Sunt,	*ils sont.*

Imparfait.

Sing.	Eram,	*j'étois.*
	Eras,	*tu étois.*
	Erat,	*il étoit.*
Plur.	Eramus,	*nous étions.*
	Eratis,	*vous étiez.*
	Erant,	*ils étoient.*

Parfait.

Sing.	Fui,	*j'ai été.*
	Fuisti,	*tu as été.*
	Fuit,	*il a été.*
Plur.	Fuimus,	*nous avons été.*
	Fuistis,	*vous avez été.*
	Fuerunt *ou* fuêre,	*ils ont été.*

Autrement pour le françois : *Je fus, tu fus, il fut; nous fûmes, vous fûtes, ils furent.*

Ou : *J'eus été, tu eus été, il eut été; nous eûmes été, vous eûtes été, ils eurent été.*

Plus-que-parfait.

Sing.	Fueram,	*j'avois été.*
	Fueras,	*tu avois été.*
	Fuerat,	*il avoit été.*
Plur.	Fueramus,	*nous avions été.*
	Fueratis,	*vous aviez été.*
	Fuerant,	*ils avoient été.*

FUTUR.

Sing.	Ero,	*je serai.*
	Eris,	*tu seras.*
	Erit,	*il sera.*
Plur.	Erimus,	*nous serons.*
	Eritis,	*vous serez.*
	Erunt,	*ils seront.*

FUTUR PASSÉ.

Sing.	Fuero,	*j'aurai été.*
	Fueris,	*tu auras été.*
	Fuerit,	*il aura été.*
Plur.	Fuerimus,	*nous aurons été.*
	Fueritis,	*vous aurez été.*
	Fuerint,	*ils auront été.*

IMPÉRATIF.

Il n'y a point de première personne.

Sing.	Es *ou* esto,	*sois.*
	Esto (ille),	*qu'il soit.*
Plur.	Simus,	*soyons.*
	Este *ou* estote,	*soyez.*
	Sunto,	*qu'ils soient.*

SUBJONCTIF.

PRÉSENT.

Sing.	Sim,	*que je sois.*
	Sis,	*que tu sois.*
	Sit,	*qu'il soit.*
Plur.	Simus,	*que nous soyons.*
	Sitis,	*que vous soyez.*
	Sint,	*qu'ils soient.*

IMPARFAIT.

Sing.	Essem *ou* Forem,	*que je fusse.*
	Esses *ou* Fores,	*que tu fusses.*
	Esset *ou* Foret,	*qu'il fût.*
Plur.	Essemus,	*que nous fussions.*

	Essetis,	*que vous fussiez.*
	Essent *ou* Forent,	*qu'ils fussent.*

Autrement pour le françois : *Je serois*, *tu serois*, *il seroit*; *nous serions*, *vous seriez*, *ils seroient.*

PARFAIT.

Sing.	Fuerim,	*que j'aie été.*
	Fueris,	*que tu aies été.*
	Fuerit,	*qu'il ait été.*
Plur.	Fuerimus,	*que nous ayons été.*
	Fueritis,	*que vous ayez été.*
	Fuerint,	*qu'ils aient été.*

PLUS-QUE-PARFAIT.

Sing.	Fuissem,	*que jeusse été.*
	Fuisses,	*que tu eusses été.*
	Fuisset,	*qu'il eût été.*
Plur.	Fuissemus,	*que nous eussions été.*
	Fuissetis,	*que vous eussiez été.*
	Fuissent,	*qu'ils eussent été.*

Autrement pour le françois : *J'aurois été*, *tu aurois été*, *il auroit été*; *nous aurions été*, *vous auriez été*, *ils auroient été.*

INFINITIF.

PRÉSENT ET IMPARFAIT.

Esse, *être*, *qu'il est*, ou *qu'il étoit.*

PARFAIT et PLUS-QUE-PARFAIT.

Fuisse, *avoir été*, *qu'il a*, ou *qu'il avoit été.*

FUTUR.

Fore (indécl.) *ou* futurum, futuram esse (décl.), *devoir être*, *qu'il sera*, ou *qu'il seroit.*

FUTUR PASSÉ. (*Il se décline.*)

Futurum, futuram fuisse, *avoir dû être*, *qu'il auroit été*, ou *qu'il eût été.*

PARTICIPE FUTUR.

Futurus, futura, futurum, *devant être*, *qui sera*, ou *qui doit être*.

Ainsi se conjuguent les verbes composés de *Sum*, comme *Adesse*, être présent; *Abesse*, être absent; *Deesse*, manquer; *Interesse*, assister à; *Obesse*, nuire; *Præesse*, présider à; *Subesse*, être dessous.

Règle générale pour les Verbes.

Ego sum.

Tout verbe s'accorde en nombre et en personne avec son nominatif.

Ex. Je suis, *ego sum. Ego* est du singulier, *sum* est aussi du singulier. *Ego* est de la première personne, *sum* est aussi de la première personne.

Vous êtes, *tu es;* il est, *ille est;* nous sommes, *nos sumus;* vous êtes, *vos estis;* ils sont, *illi sunt.*

Cette règle regarde également tous les autres verbes que nous allons conjuguer.

HABEO.

INDICATIF.

PRÉSENT.

Sing.	HAB EO,	*j'ai.*
	Hab es,	*tu as.*
	Hab et,	*il a.*
Plur.	Hab emus,	*nous avons.*
	Hab etis,	*vous avez.*
	Hab ent,	*ils ont.*

IMPARFAIT.

Sing.	Hab ebam,	*j'avois.*
	Hab ebas,	*tu avois.*
	Hab ebat,	*il avoit.*
Plur.	Hab ebamus,	*nous avions.*

	Hab ebatis,	*vous aviez.*
	Hab ebant,	*ils avoient.*

PARFAIT.

Sing.	Hab ui,	*j'ai eu*, ou *j'eus.*
	Hab uisti,	*tu as eu*, ou *tu eus.*
	Hab uit,	*il a eu*, ou *il eut.*
Plur.	Hab uimus,	*nous avons eu*, ou *nous eûmes.*
	Hab uistis,	*vous avez eu*, ou *vous eûtes.*
	Hab uerunt, *ou* Hab uêre,	*ils ont eu*, ou *ils eurent.*

PLUS-QUE-PARFAIT.

Sing.	Hab ueram,	*j'avois eu.*
	Hab ueras,	*tu avois eu.*
	Hab uerat,	*il avoit eu.*
Plur.	Hab ueramus,	*nous avions eu.*
	Hab ueratis,	*vous aviez eu.*
	Hab uerant,	*ils avoient eu.*

FUTUR.

Sing.	Hab ebo,	*j'aurai.*
	Hab ebis,	*tu auras.*
	Hab ebit,	*il aura.*
Plur.	Hab ebimus,	*nous aurons.*
	Hab ebitis,	*vous aurez.*
	Hab ebunt,	*ils auront.*

FUTUR PASSÉ.

Sing.	Hab uero,	*j'aurai eu.*
	Hab ueris,	*tu auras eu.*
	Hab uerit,	*il aura eu.*
Plur.	Hab uerimus,	*nous aurons eu.*
	Hab ueritis,	*vous aurez eu.*
	Hab uerint,	*ils auront eu.*

IMPÉRATIF.

Il n'y a point de première personne.

Sing.	Hab e *ou* Hab eto,	*aie.*
	Hab eto (ille),	*qu'il ait.*

Plur. Hab eamus, *ayons.*
Hab ete *ou* Hab etote, *ayez.*
Hab ento, *qu'ils aient.*

SUBJONCTIF.

PRÉSENT.

Sing. Hab eam, *que j'aie.*
Hab eas, *que tu aies.*
Hab eat, *qu'il ait.*
Plur. Hab eamus, *que nous ayons.*
Hab eatis, *que vous ayez.*
Hab eant, *qu'ils aient.*

IMPARFAIT.

Sing. Hab erem, *que j'eusse*, ou *j'aurois.*
Hab eres, *que tu eusses*, ou *tu aurois.*
Hab eret, *qu'il eût*, ou *il auroit.*
Plur. Hab eremus, *que nous eussions*, ou *nous aurions.*
Hab eretis, *que vous eussiez*, ou *vous auriez.*
Hab erent, *qu'ils eussent, ou ils auroient.*

PARFAIT.

Sing. Hab uerim, *que j'aie eu.*
Hab ueris, *que tu aies eu.*
Hab uerit, *qu'il ait eu.*
Plur. Hab uerimus, *que nous ayons eu.*
Hab ueritis, *que vous ayez eu.*
Hab uerint, *qu'ils aient eu.*

PLUS-QUE-PARFAIT.

Sing. Hab uissem, *que j'eusse*, ou *j'aurois eu.*
Hab uisses, *que tu eusses*, ou *tu aurois eu.*
Hab uisset, *qu'il eût*, ou *il auroit eu.*
Plur. Hab uissemus, *que nous eussions*, ou *nous aurions eu.*

Hab uissetis, *que vous eussiez*, ou *vous auriez eu.*

Hab uissent, *qu'ils eussent*, ou *ils auroient eu.*

INFINITIF.

Présent et Imparfait.

Hab erè, *avoir*, *qu'il a*, ou *qu'il avoit.*

Parfait et Plus-que-parfait.

Hab uissse, *avoir eu*, *qu'il a eu*, ou *qu'il avoit eu.*

Futur.

Hab iturum esse (*décl.*), *devoir avoir*, *qu'il aura*, ou *qu'il auroit.*

Futur passé.

Hab iturum fuissse (*décl.*), *avoir dû avoir*, *qu'il auroit eu*, ou *qu'il eût eu.*

Participe présent.

Hab ens, *Gén.* hab entis, *ayant*, *qui a*, ou *qui avoit.*

Participe futur.

Hab iturus, hab itura, hab iturum, *qui aura*, ou *qui doit avoir.*

Supin.

Hab itum, *à avoir.*

Gérondifs.

Hab endi, *d'avoir.*

Hab endo, *en ayant.*

Hab endum, *à avoir*, ou *pour avoir.*

VERBES ACTIFS.

On appelle *Verbes actifs* ceux qui sont terminés en *o*, et qui ont un passif, comme *Verbero*, je frappe, qui a le passif *Verberor*, je suis frappé.

PREMIÈRE CONJUGAISON ACTIVE.

ARE, AS.

INDICATIF.

PRÉSENT.

Sing.	AM o,	*j'aime.*
	Am as,	*tu aimes.*
	Am at,	*il aime.*
Plur.	Am amus,	*nous aimons.*
	Am atis,	*vous aimez.*
	Am ant,	*ils aiment.*

IMPARFAIT.

Sing.	Am abam,	*j'aimois.*
	Am abas,	*tu aimois.*
	Am abat,	*il aimoit.*
Plur.	Am abamus,	*nous aimions.*
	Am abatis,	*vous aimiez.*
	Am abant,	*ils aimoient.*

PARFAIT.

Sing.	Am avi,	*j'ai aimé.*
	Am avisti,	*tu as aimé.*
	Am avit,	*il a aimé.*
Plur.	Am avimus,	*nous avons aimé.*
	Am avistis,	*vous avez aimé.*
	Am averunt, *ou* am avêre,	*ils ont aimé.*

Autrement pour le françois : *J'aimai, tu aimas, il aima; nous aimâmes, vous aimâtes, ils aimèrent.*

Ou : *J'eus aimé, tu eus aimé, il eut aimé, nous eûmes aimé, vous eûtes aimé, ils eurent aimé.*

PLUS-QUE-PARFAIT

Sing.	Am averam,	*j'avois aimé.*
	Am averas,	*tu avois aimé.*
	Am averat,	*il avoit aimé.*

Plur.	Am averamus,	*nous avions aimé.*
	Am averatis,	*vous aviez aimé.*
	Am averant,	*ils avoient aimé.*

FUTUR.

Sing.	Am abo,	*j'aimerai.*
	Am abis,	*tu aimeras.*
	Am abit,	*il aimera.*
Plur.	Am abimus,	*nous aimerons.*
	Am abitis,	*vous aimerez.*
	Am abunt,	*ils aimeront.*

FUTUR PASSÉ.

Sing.	Am avero,	*j'aurai aimé.*
	Am averis,	*tu auras aimé.*
	Am averit,	*il aura aimé.*
Plur.	Am averimus,	*nous aurons aimé.*
	Am averitis,	*vous aurez aimé.*
	Am averint,	*ils auront aimé.*

IMPÉRATIF.

Point de première personne au singulier.

Sing.	Am a, *ou* am ato,	*aime.*
	Am ato (ille),	*qu'il aime.*
Plur.	Am emus,	*aimons.*
	Am ate, *ou* am atote,	*aimez.*
	Am anto,	*qu'ils aiment.*

SUBJONCTIF.

PRÉSENT.

Sing.	Am em,	*que j'aime.*
	Am es,	*que tu aimes.*
	Am et,	*qu'il aime.*
Plur.	Am emus,	*que nous aimions.*
	Am etis,	*que vous aimiez.*
	Am ent,	*qu'ils aiment.*

IMPARFAIT.

Sing.	Am arem,	*que j'aimasse.*
	Am ares,	*que tu aimasses.*
	Am aret,	*qu'il aimât.*
Plur.	Am aremus,	*que nous aimassions.*
	Am aretis,	*que vous aimassiez.*
	Am arent,	*qu'ils aimassent.*

Autrement pour le françois : *J'aimerois*, *tu aimerois*, *il aimeroit; nous aimerions*, *vous aimeriez*, *ils aimeroient.*

PARFAIT.

Sing.	Am averim,	*que j'aie aimé.*
	Am averis,	*que tu aies aimé.*
	Am averit,	*qu'il ait aimé.*
Plur.	Am averimus,	*que nous ayons aimé.*
	Am averitis,	*que vous ayez aimé.*
	Am averint,	*qu'ils aient aimé.*

PLUS-QUE-PARFAIT.

Sing.	Am avissem,	*que j'eusse aimé.*
	Am avisses,	*que tu eusses aimé.*
	Am avisset,	*qu'il eût aimé.*
Plur.	Am avissemus,	*que nous eussions aimé.*
	Am avissetis,	*que vous eussiez aimé.*
	Am avissent,	*qu'ils eussent aimé.*

Autrement pour le françois : *J'aurois aimé*, *tu aurois aimé*, *il auroit aimé; nous aurions aimé*, *vous auriez aimé*, *ils auroient aimé.*

INFINITIF.

PRÉSENT et IMPARFAIT.

Am are, *aimer* *, *qu'il aime*, ou *qu'il aimoit.*

---

* Il y a quatre conjugaisons françoises : la première comprend tous les verbes dont l'infinitif est en *er*, ils se conjuguent comme *aimer*.

PARFAIT et PLUS-QUE-PARFAIT.

Am avisse, *avoir aimé*, *qu'il a*, ou *qu'il avoit aimé.*

FUTUR. (*Il se décline.*)

Am aturum, am aturam esse, *devoir aimer*, *qu'il aimera*, ou *qu'il aimeroit.*

FUTUR PASSÉ. (*Il se décline.*)

Am aturum, am aturam fuisse, *avoir dû aimer*, *qu'il auroit*, ou *qu'il eût aimé.*

PARTICIPE PRÉSENT.

Am ans, am antis, *aimant*, *qui aime*, ou *qui aimoit.*

PARTICIPE FUTUR.

Am aturus, am atura, am aturum, *devant aimer*, *qui aimera*, ou *qui doit aimer.*

SUPIN.

Am atum, *à aimer.*

GÉRONDIFS.

Am andi, *d'aimer.*
Am ando, *en aimant.*
Am andum, *à aimer*, ou *pour aimer.*

REMARQUE. Les participes se déclinent, savoir : les participes en *ans* et *ens*, comme *prudens*, et les participes en *us*, comme *bonus*, *a*, *um.*

Ainsi se conjuguent *laudare*, louer; *vituperare*, blâmer; *verberare*, frapper; *vocare*, appeler, etc.

CONJUGAISON DES VERBES PASSIFS.

On forme le verbe passif en ajoutant *r* à l'actif, *amo*, *amor*; *doceo*, *doceor*.

PREMIÈRE CONJUGAISON PASSIVE.

AMARI.

INDICATIF.

PRÉSENT.

Sing.	AM OR,	*je suis aimé.*
	Am aris, *ou* am are,	*tu es aimé.*
	Am atur,	*il est aimé.*
Plur.	Am amur,	*nous sommes aimés.*
	Am amamini,	*vous êtes aimés.*
	Am antur,	*ils sont aimés.*

IMPARFAIT

Sing.	Am abar,	*j'étois aimé.*
	Am abaris, *ou* am abare,	*tu étois aimé.*
	Am abatur,	*il étoit aimé.*
Plur.	Am abamur,	*nous étions aimés.*
	Am abamini,	*vous étiez aimés.*
	Am abantur,	*ils étoient aimés.*

PARFAIT. (*Il se décline.*)

Sing.	Am atus sum *ou* fui,	*j'ai été aimé.*
	Am atus es *ou* fuisti,	*tu as été aimé.*
	Am atus est *ou* fuit,	*il a été aimé.*
Plur.	Am ati sumus *ou* fuimus,	*nous avons été aimés.*
	Am ati estis *ou* fuistis,	*vous avez été aimés.*
	Am ati sunt *ou* fuerunt,	*ils ont été aimés.*

Autrement pour le françois : *Je fus aimé*, *tu fus aimé*, *il fut aimé*; *nous fûmes aimés*, *vous fûtes aimés*, *ils furent aimés.*

Ou :

Ou : *J'eus été aimé, tu eus été aimé, il eut été aimé; nous eûmes été aimés, vous eûtes été aimés, ils eurent été aimés.*

PLUS-QUE-PARFAIT. (*Il se décline.*)

Sing. Am atus eram *ou* fueram, *j'avois été aimé.*
Am atus eras *ou* fueras, *tu avois été aimé.*
Am atus erat *ou* fuerat, *il avoit été aimé.*
Plur. Am ati eramus *ou* fueramus, *nous avions (été aimés.*
Am ati eratis *ou* fueratis, *vous aviez été (aimés.*
Am ati erant *ou* fuerant, *ils avoient été (aimés*

FUTUR.

Sing. Am abor, *je serai aimé.*
Am aberis *ou* amabere, *tu seras aimé.*
Am abitur, *il sera aimé.*
Plur. Am abimur, *nous serons aimés.*
Am abimini, *vous serez aimés.*
Am abuntur, *ils seront aimés.*

FUTUR PASSÉ. (*Il se décline.*)

Sing. Am atus ero *ou* fuero, *j'aurai été aimé.*
Am atus eris *ou* fueris, *tu auras été aimé.*
Am atus erit *ou* fuerit, *il aura été aimé.*
Plur. Am ati erimus *ou* fuerimus, *nous aurons (été aimés.*
Am ati eritis *ou* fueritis, *vous aurez été (aimés.*
Am ati erunt *ou* fuerint, *ils auront été (aimés.*

IMPÉRATIF.

Point de première personne au singulier.

Sing. Am are *ou* amator, *sois aimé.*
Am ator (ille), *qu'il soit aimé.*

Plur.	Am emur,	*soyons aimés.*
	Am amini,	*soyez aimés.*
	Am antor,	*qu'ils soient aimés.*

SUBJONCTIF.

Présent.

Sing.	Am er,	*que je sois aimé.*
	Am eris *ou* am ere,	*que tu sois aimé.*
	Am etur,	*qu'il soit aimé.*
Plur.	Am emur,	*que nous soyons aimés.*
	Am emini,	*que vous soyez aimés.*
	Am entur,	*qu'ils soient aimés.*

Imparfait.

Sing.	Am arer,	*que je fusse aimé.*
	Am areris *ou* am arere,	*que tu fusses aimé.*
	Am aretur,	*qu'il fût aimé.*
Plur.	Am aremur,	*que nous fussions aimés.*
	Am aremini,	*que vous fussiez aimés.*
	Am arentur,	*qu'ils fussent aimés.*

Autrement pour le françois : *Je serois aimé, tu serois aimé, il seroit aimé; nous serions aimés, vous seriez aimés, ils seroient aimés.*

Parfait. (*Il se décline.*)

Sing.	Am atus sim *ou* fuerim,	*que j'aie été aimé.*
	Am atus sis *ou* fueris,	*que tu aies été aimé.*
	Am atus sit *ou* fuerit,	*qu'il ait été aimé.*
Plur.	Am ati simus *ou* fuerimus,	*que nous ayons été aimés.*
	Am ati sitis *ou* fueritis,	*que vous ayez été aimés.*
	Am ati sint *ou* fuerint,	*qu'ils aient été aimés.*

PLUS-QUE-PARFAIT. (*Il se décline.*)

Sing. Am atus essem *ou* fuissem, *que j'eusse été (aimé.*
Am atus esses *ou* fuisses, *que tu eusses été (aimé.*
Am atus esset *ou* fuisset, *qu'il eût été aimé.*
Plur. Am ati essemus *ou* fuissemus, *que nous (eussions été aimés.*
Am ati essetis *ou* fuissetis, *que vous eussiez (été aimés.*
Am ati essent *ou* fuissent, *qu'ils eussent été (aimés.*

Autrement pour le françois : *J'aurois été aimé, tu aurois été aimé, il auroit été aimé; nous aurions été aimés, vous auriez été aimés, ils auroient été aimés.*

INFINITIF.

PRÉSENT et IMPARFAIT.

Am ari, *être aimé, qu'il est* ou *étoit aimé.*

PARFAIT et PLUS-QUE-PARFAIT. (*Il se décline.*)

Am atum, am atam fuisse, *avoir été aimé, qu'il a (été* ou *avoit été aimé.*

FUTUR.

Am atum (*indécl.*) iri, am andum (*décl.*) esse, *devoir être aimé, qu'il sera* ou *qu'il seroit aimé.*

FUTUR PASSÉ. (*Il se décline.*)

Am andum fuisse, *avoir dû être aimé, qu'il auroit* (ou *qu'il eût été aimé.*

PARTICIPE PASSÉ.

Am atus, am ata, am atum, *aimé, ayant été (aimé, qui a été aimé.*

PARTICIPE FUTUR.

Am andus, am anda, am andum, *devant être aimé*, (*qui doit, qui devoit être aimé.*

SUPIN.

Am atu, *à être aimé.*

Ainsi se conjuguent *laudor*, je suis loué; *vituperor*, je suis blâmé; *verberor*, je suis frappé; *vocor*, je suis appelé, etc.

REMARQUE. Tous les temps composés se déclinent tant au singulier qu'au pluriel, comme *bonus*, *a*, *um*, et ils s'accordent en genre, en nombre et en cas avec leurs nominatifs. *Ex.* Le père a été aimé, *pater amatus est*; la mère a été aimée, *mater amata est.*

SECONDE CONJUGAISON ACTIVE.

ÈRE, ES.

INDICATIF.

PRÉSENT.

Sing.	MON EO,	*j'avertis.*
	Mon es,	*tu avertis.*
	Mon et,	*il avertit.*
Plur.	Mon emus,	*nous avertissons.*
	Mon etis,	*vous avertissez.*
	Mon ent,	*ils avertissent.*

IMPARFAIT.

Sing.	Mon ebam,	*j'avertissois.*
	Mon ebas,	*tu avertissois.*
	Mon ebat,	*il avertissoit.*
Plur.	Mon ebamus,	*nous avertissions.*
	Mon ebatis,	*vous avertissiez.*
	Mon ebant,	*ils avertissoient.*

PARFAIT.

Sing.	Mon ui,	*j'ai averti.*
	Mon uisti,	*tu as averti.*
	Mon uit,	*il a averti.*
Plur.	Mon uimus,	*nous avons averti.*
	Mon uistis,	*vous avez averti.*
	Mon uerunt *ou* mon uêre,	*ils ont averti.*

Autrement pour le françois : *J'avertis, tu avertis, il avertit; nous avertîmes, vous avertîtes, ils avertirent.*

Ou : *J'eus averti, tu eus averti, il eut averti; nous eûmes averti, vous eûtes averti, ils eurent averti.*

PLUS-QUE-PARFAIT.

Sing.	Mon ueram,	*j'avois averti.*
	Mon ueras,	*tu avois averti.*
	Mon uerat,	*il avoit averti.*
Plur.	Mon ueramus,	*nous avions averti.*
	Mon ueratis,	*vous aviez averti.*
	Mon uerant,	*ils avoient averti.*

FUTUR.

Sing.	Mon ebo,	*j'avertirai.*
	Mon ebis,	*tu avertiras.*
	Mon ebit,	*il avertira.*
Plur.	Mon ebimus,	*nous avertirons.*
	Mon ebitis,	*vous avertirez.*
	Mon ebunt,	*ils avertiront.*

FUTUR PASSÉ.

Sing.	Mon uero,	*j'aurai averti.*
	Mon ueris,	*tu auras averti.*
	Mon uerit,	*il aura averti.*
Plur.	Mon uerimus,	*nous aurons averti.*
	Mon ueritis,	*vous aurez averti.*
	Mon uerint,	*ils auront averti.*

3

IMPÉRATIF.

Point de première personne au singulier.

Sing.	Mon e *ou* mon eto,	*avertis.*
	Mon eto (ille),	*qu'il avertisse.*
Plur.	Mon eamus,	*avertissons.*
	Mon ete *ou* mon etote,	*avertissez.*
	Mon ento,	*qu'ils avertissent.*

SUBJONCTIF.

Présent.

Sing.	Mon eam,	*que j'avertisse.*
	Mon eas,	*que tu avertisses.*
	Mon eat,	*qu'il avertisse.*
Plur.	Mon eamus,	*que nous avertissions.*
	Mon eatis,	*que vous avertissiez.*
	Mon eant,	*qu'ils avertissent.*

Imparfait.

Sing.	Mon erem,	*que j'avertisse.*
	Mon eres,	*que tu avertisses.*
	Mon eret,	*qu'il avertît.*
Plur.	Mon eremus,	*que nous avertissions.*
	Mon eretis,	*que vous avertissiez.*
	Mon erent,	*qu'ils avertissent.*

Autrement pour le françois : *J'avertirois*, *tu avertirois*, *il avertiroit*; *nous avertirions*, *vous avertiriez*, *ils avertiroient.*

Parfait.

Sing.	Mon uerim,	*que j'aie averti.*
	Mon ueris,	*que tu aies averti.*
	Mon uerit,	*qu'il ait averti.*
Plur.	Mon uerimus	*que nous ayons averti.*
	Mon ueritis,	*que vous ayez averti.*
	Mon uerint,	*qu'ils aient averti.*

PLUS-QUE-PARFAIT.

Sing. Mon uissem, *que j'eusse averti.*
Mon uisses *que tu eusses averti.*
Mon uisset, *qu'il eût averti.*
Plur. Mon uissemus, *que nous eussions (averti.*
Mon uissetis, *que vous eussiez averti.*
Mon uissent, *qu'ils eussent averti.*

Autrement pour le françois : *J'aurois averti, tu aurois averti, il auroit averti; nous aurions averti, vous auriez averti, ils auroient averti.*

INFINITIF.

PRÉSENT et IMPARFAIT.

Mon ere, *avertir* *, *qu'il avertit* ou *qu'il (avertissoit.*

PARFAIT et PLUS-QUE-PARFAIT.

Mon uisse, *avoir averti*, *qu'il a* ou *qu'il avoit (averti.*

FUTUR. (*Il se décline.*)

Mon iturum, mon ituram esse, *devoir avertir, qu'il (avertira* ou *qu'il avertiroit.*

FUTUR PASSÉ. (*Il se décline.*)

Mon iturum, mon ituram fuisse, *avoir dû avertir, (qu'il auroit* ou *qu'il eût averti.*

PARTICIPE PRÉSENT.

Mon ens, mon entis, *avertissant, qui avertit* ou *(qui avertissoit.*

PARTICIPE FUTUR.

Mon iturus, mon itura, mon iturum, *devant (avertir, qui doit* ou *qui devoit avertir.*

* La seconde conjugaison françoise comprend tous les verbes dont l'infinitif est terminé en *ir*, ils se conjuguent sur *avertir.*

SUPIN.

Mon itum, *à avertir.*

GÉRONDIFS.

Mon endi, *d'avertir.*
Mon endo, *en avertissant.*
Mon endum, *à avertir* ou *pour avertir.*

Ainsi se conjuguent *docere*, instruire; *terrere*, épouvanter; *tenere*, tenir; *implere*, emplir; ce dernier fait au parfait *implevi.*

SECONDE CONJUGAISON PASSIVE.

MONERI.

INDICATIF.

PRÉSENT.

Sing.	MON EOR,	*je suis averti.*
	Mon eris *ou* mon ere,	*tu es averti.*
	Mon etur,	*il est averti.*
Plur.	Mon emur,	*nous sommes avertis.*
	Mon emini,	*vous êtes avertis.*
	Mon entur,	*ils sont avertis.*

IMPARFAIT.

Sing.	Mon ebar,	*j'étois averti.*
	Mon ebaris *ou* mon ebare,	*tu étois averti.*
	Mon ebatur,	*il étoit averti.*
Plur.	Mon ebamur,	*nous étions avertis.*
	Mon ebamini,	*vous étiez avertis.*
	Mon ebantur,	*ils étoient avertis.*

PARFAIT. (*Il se décline.*)

Sing.	Mon itus sum *ou* fui,	*j'ai été averti.*
	Mon itus es *ou* fuisti,	*tu as été averti.*
	Mon itus est *ou* fuit,	*il a été averti.*

Plur. Mon iti sumus *ou* fuimus, *nous avons été (avertis.*
Mon iti estis *ou* fuistis, *vous avez été (avertis.*
Mon iti sunt *ou* fuerunt, *ils ont été (avertis.*

Autrement pour le françois : *Je fus averti, tu fus averti, il fut averti; nous fûmes avertis, vous fûtes avertis, ils furent avertis.*

Ou : *J'eus été averti, tu eus été averti, il eut été averti; nous eûmes été avertis, vous eûtes été avertis, ils eurent été avertis.*

PLUS-QUE-PARFAIT. (*Il se décline.*)

Sing. Mon itus eram *ou* fueram, *j'avois été (averti.*
Mon itus eras *ou* fueras, *tu avois été averti.*
Mon itus erat *ou* fuerat, *il avoit été averti.*
Plur. Mon iti eramus *ou* fueramus, *nous avions (été avertis.*
Mon iti eratis *ou* fueratis, *vous aviez été (avertis.*
Mon iti erant *ou* fuerant, *ils avoient été (avertis.*

FUTUR.

Sing. Mon ebor, *je serai averti.*
Mon eberis *ou* mon ebere, *tu seras averti.*
Mon ebitur, *il sera averti.*
Plur. Mon ebimur, *nous serons avertis.*
Mon ebimini, *vous serez avertis.*
Mon ebuntur, *ils seront avertis.*

FUTUR PASSÉ. (*Il se décline.*)

Sing. Mon itus ero *ou* fuero, *j'aurai été averti.*
Mon itus eris *ou* fueris, *tu auras été averti.*
Mon itus erit *ou* fuerit, *il aura été averti.*

Plur. Mon iti erimus *ou* fuerimus, *nous aurons (été avertis.*
Mon iti eritis *ou* fueritis, *vous aurez été (avertis.*
Mon iti erunt *ou* fuerint, *ils auront été (avertis.*

IMPÉRATIF.

Point de première personne au singulier.

Sing. Mon ere *ou* mon etor, *sois averti.*
Mon etor (ille), *qu'il soit averti.*
Plur. Mon eamur, *soyons avertis.*
Mon emini, *soyez avertis.*
Mon entor, *qu'ils soient avertis.*

SUBJONCTIF.

PRÉSENT.

Sing. Mon ear, *que je sois averti.*
Mon earis *ou* mon eare, *que tu sois averti.*
Mon eatur, *qu'il soit averti.*
Plur. Mon eamur, *que nous soyons avertis.*
Mon eamini, *que vous soyez avertis.*
Mon eantur, *qu'ils soient avertis.*

IMPARFAIT.

Sing. Mon erer, *que je fusse averti.*
Mon ereris *ou* mon erere, *que tu fusses (averti.*
Mon eretur, *qu'il fût averti.*
Plur. Mon eremur, *que nous fussions avertis.*
Mon eremini, *que vous fussiez avertis.*
Mon erentur, *qu'ils fussent avertis.*

Autrement pour le françois : *Je serois averti, tu serois averti*, etc.

PARFAIT. (*Il se décline.*)

Sing. Mon itus sim *ou* fuerim, *que j'aie été averti.*

Mon itus sis *ou* fueris, *que tu aies été (averti.*

Mon itus sit *ou* fuerit, *qu'il ait été averti.*

Plur. Mon iti simus *ou* fuerimus, *que nous ayons (été avertis.*

Mon iti sitis *ou* fueritis, *que vous ayez été (avertis.*

Mon iti sint *ou* fuerint, *qu'ils aient été (avertis.*

PLUS-QUE-PARFAIT. (*Il se décline.*)

Sing. Mon itus essem *ou* fuissem, *que j'eusse été (averti.*

Mon itus esses *ou* fuisses, *que tu eusses été (averti.*

Mon itus esset *ou* fuisset, *qu'il eût été (averti.*

Plur. Mon iti essemus *ou* fuissemus, *que nous (eussions été avertis.*

Mon iti essetis *ou* fuissetis, *que vous (eussiez été avertis.*

Mon iti essent *ou* fuissent, *qu'ils eussent (été avertis.*

Autrement pour le françois : *J'aurois été averti*, etc.

INFINITIF.

PRÉSENT et IMPARFAIT.

Mon eri, *être averti*, *qu'il est* ou *étoit averti.*

PARFAIT et PLUS-QUE-PARFAIT. (*Il se décline.*)

Mon itum, mon itam esse, *avoir été averti*, *qu'il a (ou avoit été averti*, *avertie.*

FUTUR.

Mon itum (*ind.*) iri, mon endum (*décl.*) esse, *devoir être averti*, *qu'il sera* ou *seroit averti.*

FUTUR PASSÉ. (*Il se décline.*)

Mon endum fuisse, *avoir dû être averti, qu'il (auroit, qu'il eût été averti.*

PARTICIPE PASSÉ.

Mon itus, ita, itum, *averti, ayant été averti, (qui a été averti.*

PARTICIPE FUTUR.

Mon endus, da, dum, *devant être averti.*

SUPIN.

Mon itu, *à être averti.*

Ainsi se conjuguent *doceor*, je suis instruit; *terreor*, je suis épouvanté; *teneor*, je suis tenu; *impleor*, je suis rempli, etc.

TROISIÈME CONJUGAISON ACTIVE.

ĔRE, IS.

INDICATIF.

PRÉSENT.

Sing.	Leg o,	*je lis.*
	Leg is,	*tu lis.*
	Leg it,	*il lit.*
Plur.	Leg imus,	*nous lisons.*
	Leg itis,	*vous lisez.*
	Leg unt,	*ils lisent.*

IMPARFAIT.

Sing.	Leg ebam	*je lisois.*
	Leg ebas,	*tu lisois.*
	Leg ebat,	*il lisoit.*
Plur.	Leg ebamus,	*nous lisions.*
	Leg ebatis,	*vous lisiez.*
	Leg ebant,	*ils lisoient.*

Parfait.

Sing.	Leg i,	*j'ai lu.*
	Leg isti,	*tu as lu.*
	Leg it,	*il a lu.*
Plur.	Leg imus,	*nous avons lu.*
	Leg istis,	*vous avez lu.*
	Leg erunt *ou* leg êre,	*ils ont lu.*

Autrement pour le françois : *Je lus, tu lus, il lut; nous lûmes, vous lûtes, ils lurent.*

Ou : *J'eus lu, tu eus lu, il eut lu; nous eûmes lu, vous eûtes lu, ils eureut lu.*

Plus-que-parfait.

Sing.	Leg eram,	*j'avois lu.*
	Leg eras,	*tu avois lu.*
	Leg erat,	*il avoit lu.*
Plur.	Leg eramus,	*nous avions lu.*
	Leg eratis,	*vous aviez lu.*
	Leg erant,	*ils avoient lu.*

Futur.

Sing.	Leg am,	*je lirai.*
	Leg es,	*tu liras.*
	Leg et,	*il lira.*
Plur.	Leg emus,	*nous lirons.*
	Leg etis,	*vous lirez.*
	Leg ent,	*ils liront.*

Futur passé.

Sing.	Leg ero,	*j'aurai lu.*
	Leg eris,	*tu auras lu.*
	Leg erit,	*il aura lu.*
Plur.	Leg erimus,	*nous aurons lu.*
	Leg eritis,	*vous aurez lu.*
	Leg erint,	*ils auront lu.*

IMPÉRATIF.

Point de première personne au singulier.

Sing.	Leg e *ou* Leg ito,	*lis.*
	Leg ito (ille),	*qu'il lise.*
Plur.	Leg amus,	*lisons.*
	Leg ite *ou* Leg itote,	*lisez.*
	Leg unto,	*qu'ils lisent.*

SUBJONCTIF.

Présent.

Sing.	Leg am,	*que je lise.*
	Leg as,	*que tu lises.*
	Leg at,	*qu'il lise.*
Plur.	Leg amus,	*que nous lisions.*
	Leg atis,	*que vous lisiez.*
	Leg ant,	*qu'ils lisent.*

Imparfait.

Sing.	Leg erem,	*que je lusse.*
	Leg eres,	*que tu lusses.*
	Leg eret,	*qu'il lût.*
Plur.	Leg eremus,	*que nous lussions.*
	Leg eretis,	*que vous lussiez.*
	Leg erent,	*qu'ils lussent.*

Autrement pour le françois : *Je lirois, tu lirois, il liroit; nous lirions, vous liriez, ils liroient.*

Parfait.

Sing.	Leg erim,	*que j'aie lu.*
	Leg eris,	*que tu aies lu.*
	Leg erit,	*qu'il ait lu.*
Plur.	Leg erimus,	*que nous ayons lu.*
	Leg eritis,	*que vous ayez lu.*
	Leg erint,	*qu'ils aient lu.*

Plus-que-parfait.

Sing.	Leg issem,	*que j'eusse lu.*
	Leg isses,	*que tu eusses lu.*
	Leg isset,	*qu'il eût lu.*

Plur. Leg issemus, *que nous eussions lu.*
Leg issetis, *que vous eussiez lu.*
Leg issent, *qu'ils eussent lu.*

Autrement pour le françois : *J'aurois lu, tu aurois lu, il auroit lu; nous aurions lu, vous auriez lu, ils auroient lu.*

INFINITIF.

Présent et Imparfait.

Leg ere, *lire, qu'il lit* ou *qu'il lisoit.*

Parfait et Plus-que-parfait.

Leg isse, *avoir lu, qu'il a* ou *qu'il avoit lu.*

Futur. (*Il se décline.*)

Lec turum, lec turam esse, *devoir lire, qu'il lira* (ou *qu'il liroit.*

Futur passé. (*Il se décline.*)

Lec turum, lec turam fuisse, *avoir dû lire, qu'il* (*auroit* ou *qu'il eût lu.*

Participe présent.

Leg ens, leg entis, *lisant, qui lit* ou *qui lisoit.*

Participe futur. (*Il se décline.*)

Lec turus, lec tura, lec turum, *devant lire, qui* (*doit* ou *devoit lire.*

Supin.

Lec tum, *à lire.*

Gérondifs.

Leg endi, *de lire.*
Leg endo, *en lisant.*
Leg endum, *à lire* ou *pour lire.*

Ainsi se conjuguent *vincere*, vaincre ; *occidere*, tuer; *scribere*, écrire; *cognoscere*, connoître, etc.

TROISIÈME CONJUGAISON PASSIVE.

LEGI.

INDICATIF.

PRÉSENT.

Sing.	LEG OR,	*je suis lu.*
	Leg eris *ou* leg ere,	*tu es lu.*
	Leg itur,	*il est lu.*
Plur.	Leg imur,	*nous sommes lus.*
	Leg imini,	*vous êtes lus.*
*	Leg untur,	*ils sont lus.*

IMPARFAIT.

Sing. *	Leg ebar,	*j'étois lu.*
	Leg ebaris *ou* leg ebare,	*tu étois lu.*
	Leg ebatur,	*il étoit lu.*
Plur.	Leg ebamur,	*nous étions lus.*
	Leg ebamini,	*vous étiez lus.*
	Leg ebantur,	*ils étoient lus.*

PARFAIT. (*Il se décline.*)

Sing.	Lec tus sum *ou* fui,	*j'ai été lu.*
	Lec tus es *ou* fuisti,	*tu as été lu.*
	Lec tus est *ou* fuit,	*il a été lu.*
Plur.	Lec ti sumus *ou* fuimus,	*nous avons été lus.*
	Lec ti estis *ou* fuistis,	*vous avez été lus.*
	Lec ti sunt *ou* fuerunt,	*ils ont été lus.*

Autrement pour le françois : *Je fus lu, tu fus lu, il fut lu; nous fûmes lus, vous fûtes lus, ils furent lus.*

Ou : *J'eus été lu, tu eus été lu, il eut été lu; nous eûmes été lus, vous eûtes été lus, ils eurent été lus.*

---

* Les verbes en *ior* font :
au présent de l'indicatif, *iuntur; accipiuntur.*
à l'imparfait, *iebar; accipiebar.*

PLUS-QUE-PARFAIT. (*Il se décline.*)

Sing.	Lec tus eram *ou* fueram,	*j'avois été lu.*
	Lec tus eras *ou* fueras,	*tu avois été lu.*
	Lec tus erat *ou* fuerat,	*il avoit été lu.*
Plur.	Lec ti eramus *ou* fueramus,	*nous avions (été lus.*
	Lec ti eratis *ou* fueratis,	*vous aviez été lus.*
	Lec ti erant *ou* fuerant,	*ils avoient été lus.*

FUTUR.

Sing. *	Leg ar,	*je serai lu.*
	Leg eris *ou* leg ere,	*tu seras lu.*
	Leg etur,	*il sera lu.*
Plur.	Leg emur,	*nous serons lus.*
	Leg emini,	*vous serez lus.*
	Leg entur,	*ils seront lus.*

FUTUR PASSÉ. (*Il se décline.*)

Sing.	Lec tus ero *ou* fuero,	*j'aurai été lu.*
	Lec tus eris *ou* fueris,	*tu auras été lu.*
	Lec tus erit *ou* fuerit,	*il aura été lu.*
Plur.	Lec tierimus *ou* fuerimus,	*nous aurons été (lus.*
	Lec tieritis *ou* fueritis,	*vous aurez été lus.*
	Lec ti erunt *ou* fuerint,	*ils auront été lus.*

IMPÉRATIF.

Point de première personne au singulier.

Sing.	Leg ere *ou* leg itor,	*sois lu.*
	Leg itor (ille),	*qu'il soit lu.*
Plur. *	Leg amur,	*soyons lus.*
	Leg imini,	*soyez lus.*
*	Leg untor,	*qu'ils soient lus.*

* Les verbes en *ior* font, au futur, *iar; accipiar.*
à l'impératif, *iamur; accipiamur.*
iuntor; accipiuntor.

SUBJONCTIF.

Présent.

Sing. *	Leg ar,	*que je sois lu.*
	Leg aris *ou* leg are,	*que tu sois lu.*
	Leg atur,	*qu'il soit lu.*
Plur.	Leg amur,	*que nous soyons lus.*
	Leg amini,	*que vous soyez lus.*
	Leg antur,	*qu'ils soient lus.*

Imparfait.

Sing.	Leg erer,	*que je fusse lu.*
	Leg ereris *ou* leg erere,	*que tu fusses lu.*
	Leg eretur,	*qu'il fût lu.*
Plur.	Leg eremur,	*que nous fussions lus.*
	Leg eremini,	*que vous fussiez lus.*
	Leg erentur,	*qu'ils fussent lus.*

Autrement pour le françois : *Je serois lu, tu serois lu, il seroit lu; nous serions lus, vous seriez lus, ils seroient lus.*

Parfait. (*Il se décline.*)

Sing.	Lec tus sim *ou* fuerim,	*que j'aie été lu.*
	Lec tus sis *ou* fueris,	*que tu aies été lu.*
	Lec tus sit *ou* fuerit,	*qu'il ait été lu.*
Plur.	Lec ti simus *ou* fuerimus,	*que nous ayons été lus.*
	Lec ti sitis *ou* fueritis,	*que vous ayez été lus.*
	Lec ti sint *ou* fuerint,	*qu'ils aient été lus.*

Plus-que-parfait. (*Il se décline.*)

Sing.	Lec tus essem *ou* fuissem,	*que j'eusse été lu.*
	Lec tus esses *ou* fuisses,	*que tu eusses été lu.*
	Lec tus esset *ou* fuisset,	*qu'il eût été lu.*

---

* Les verbes en *ior* font :
au subjonctif, *iar; accipiar.*

Plur. Lec ti essemus *ou* fuissemus, *que nous eussions été lus.*

Lec ti essetis *ou* fuissetis, *que vous eussiez été lus.*

Lec ti essent *ou* fuissent, *qu'ils eussent été lus.*

Autrement pour le françois : *J'aurois été lu, tu aurois été lu, il auroit été lu; nous aurions été lus, vous auriez été lus, ils auroient été lus.*

INFINITIF.

Présent et Imparfait.

Leg i, *être lu.*

Parfait et Plus-que-parfait. (*Il se décline.*)

Lec tum, lec tam esse, *avoir été lu.*

Futur.

Lec tum (*indécl.*) iri, leg endum (*décl.*) esse, *devoir être lu, qu'il sera, qu'il seroit lu.*

Futur passé. (*Il se décline.*)

Leg endum fuisse, *avoir dû être lu, qu'il auroit* ou *qu'il eût été lu.*

Participe passé.

Lec tus, lec ta, lec tum, *lu, ayant été lu* ou *qui a été lu.*

Participe futur.

Leg endus, leg enda, leg endum, *devant être lu, qui doit* ou *qui devoit être lu.*

Supin.

Lec tu, *à être lu.*

Ainsi se conjuguent *vincor*, je suis vaincu; *scribor*, je suis écrit; *cognoscor*, je suis connu, etc.

Second Verbe de la troisième Conjugaison active terminé en io.

INDICATIF.

Présent.

Sing.	Accip io,	*je reçois.*
	Accip is,	*tu reçois.*
	Accip it,	*il reçoit.*
Plur.	Accip imus,	*nous recevons.*
	Accip itis,	*vous recevez.*
	Accip iunt,	*ils reçoivent.*

Imparfait.

Sing.	Accip iebam,	*je recevois.*
	Accip iebas,	*tu recevois.*
	Accip iebat,	*il recevoit.*
Plur.	Accip iebamus,	*nous recevions.*
	Accip iebatis,	*vous receviez.*
	Accip iebant,	*ils recevoient.*

Parfait.

Accep i, *j'ai reçu..... le reste comme* legi.

Plus-que-parfait.

Accep eram, *j'avois reçu..... comme* legeram.

Futur.

Sing.	Accip iam,	*je recevrai.*
	Accip ies,	*tu recevras.*
	Accip iet,	*il recevra.*
Plur.	Accip iemus,	*nous recevrons.*
	Accip ietis,	*vous recevrez.*
	Accip ient,	*ils recevront.*

Futur passé.

Sing. Accep ero, *j'aurai reçu..... comme* legero.

IMPÉRATIF.

Point de première personne au singulier.

Sing.	Accip e *ou* accip ito,	*reçois.*
	Accip ito (ille),	*qu'il reçoive.*
Plur.	Accip iamus,	*recevons.*
	Accip ite *ou* accip itote,	*recevez.*
	Accip iunto,	*qu'ils reçoivent.*

SUBJONCTIF.

Présent.

Sing.	Accip iam,	*que je reçoive.*
	Accip ias,	*que tu reçoives.*
	Accip iat,	*qu'il reçoive.*
Plur.	Accip iamus,	*que nous recevions.*
	Accip iatis,	*que vous receviez.*
	Accip iant,	*qu'ils reçoivent.*

Imparfait.

Sing.	Accip erem,	*que je reçusse.*
	Accip eres,	*que tu reçusses.*
	Accip eret,	*qu'il reçût.*
Plur.	Accip eremus,	*que nous reçussions.*
	Accip eretis,	*que vous reçussiez.*
	Accip erent,	*qu'ils reçussent.*

Autrement : *Je recevrois, tu recevrois, il recevroit; nous recevrions*, etc.

Parfait.

Accep erim, *que j'aie reçu.....* *comme* legerim.

Plus-que-parfait.

Accep issem, *que j'eusse reçu.....* *comme* legissem.

Autrement : *J'aurois reçu, tu aurois reçu, il auroit reçu*, etc.

INFINITIF.

PRÉSENT et IMPARFAIT.

Accip ere, *recevoir* *, *qu'il reçoit* ou *qu'il recevoit.*

PARFAIT et PLUS-QUE-PARFAIT.

Accep isse, *avoir reçu*, *qu'il a* ou *qu'il avoit reçu.*

FUTUR. (*Il se décline.*)

Accep turum, accep turam esse, *devoir recevoir*, (*qu'il recevra* ou *qu'il recevroit.*

FUTUR PASSÉ. (*Il se décline.*)

Accep turum, accep turam fuisse, *avoir dû re-* (*cevoir*, *qu'il eût* ou *qu'il auroit reçu.*

PARTICIPE PRÉSENT.

Accip iens, ientis, *recevant*, *qui reçoit* ou *qui re-* (*cevoit.*

PARTICIPE FUTUR.

Accep turus, ra, rum, *devant recevoir*, *qui re-* (*cevra* ou *qui doit recevoir.*

SUPIN.

Accep tum, *à recevoir.*

GÉRONDIFS.

Accip iendi, *de recevoir.*
Accip iendo, *en recevant.*
Accip iendum, *à recevoir* ou *pour recevoir.*

QUATRIÈME CONJUGAISON ACTIVE.

IRE, IS.

INDICATIF.

PRÉSENT.

Sing.	AUD IO,	*j'entends* ou *j'écoute.*
	Aud is,	*tu entends* ou *tu écoutes.*
	Au dit,	*il entend* ou *il écoute.*

* La troisième conjugaison françoise comprend tous les verbes dont l'infinitif est terminé en *oir*; ils se conjuguent sur *recevoir*.

Plur. Aud imus, *nous entendons*, ou *etc.*
Aud itis, *vous entendez.*
Aud iunt, *ils entendent.*

IMPARFAIT.

Sing. Aud iebam, *j'entendois* ou *j'écoutois.*
Aud iebas, *tu entendois.*
Aud iebat, *il entendoit.*
Plur. Aud iebamus, *nous entendions.*
Aud iebatis, *vous entendiez.*
Aud iebant, *ils entendoient.*

PARFAIT.

Sing. Aud ivi, *j'ai entendu.*
Aud ivisti, *tu as entendu.*
Aud ivit, *il a entendu.*
Plur. Aud ivimus, *nous avons entendu.*
Aud ivistis, *vous avez entendu.*
Aud iverunt, *ou* aud ivêre, *ils ont entendu.*

Autrement pour le françois : *J'entendis*, *tu entendis*, *il entendit; nous entendîmes*, *vous entendîtes*, *ils entendirent.*

Ou : *J'eus entendu*, *tu eus entendu*, *il eut entendu; nous eûmes entendu*, *vous eûtes entendu*, *ils eurent entendu.*

PLUS-QUE-PARFAIT.

Sing. Aud iveram, *j'avois entendu.*
Aud iveras, *tu avois entendu.*
Aud iverat, *il avoit entendu.*
Plur. Aud iveramus, *nous avions entendu.*
Aud iveratis, *vous aviez entendu.*
Aud iverant, *ils avoient entendu.*

FUTUR.

Sing. Aud iam, *j'entendrai.*
Aud ies, *tu entendras.*
Aud iet, *il entendra.*

Plur.	Aud iemus,	*nous entendrons.*
	Aud ietis,	*vous entendrez.*
	Aud ient,	*ils entendront.*

FUTUR PASSÉ.

Sing.	Aud ivero,	*j'aurai entendu.*
	Aud iveris,	*tu auras entendu.*
	Aud iverit,	*il aura entendu.*
Plur.	Aud iverimus,	*nous aurons entendu.*
	Aud iveritis,	*vous aurez entendu.*
	Aud iverint,	*ils auront entendu.*

IMPÉRATIF.

Point de première personne au singulier.

Sing.	Aud i *ou* aud ito,	*entends.*
	Aud ito (ille),	*qu'il entende.*
Plur.	Aud iamus,	*entendons.*
	Aud ite *ou* aud itote,	*entendez.*
	Aud iunto,	*qu'ils entendent.*

SUBJONCTIF.

PRÉSENT.

Sing.	Aud iam,	*que j'entende.*
	Aud ias,	*que tu entendes.*
	Aud iat,	*qu'il entende.*
Plur.	Aud iamus,	*que nous entendions.*
	Aud iatis,	*que vous entendiez.*
	Aud iant,	*qu'ils entendent.*

IMPARFAIT.

Sing.	Aud irem,	*que j'entendisse.*
	Aud ires,	*que tu entendisses.*
	Aud iret,	*qu'il entendît.*
Plur.	Aud iremus,	*que nous entendissions.*
	Aud iretis,	*que vous entendissiez.*
	Aud irent,	*qu'ils entendissent.*

Autrement pour le françois : *J'entendrois, tu entendrois, il entendroit; nous entendrions, vous entendriez, ils entendroient.*

PARFAIT.

PARFAIT.

Sing.	Aud iverim,	*que j'aie entendu.*
	Aud iveris,	*que tu aies entendu.*
	Aud iverit,	*qu'il ait entendu.*
Plur.	Aud iverimus,	*que nous ayons entendu.*
	Aud iveritis,	*que vous ayez entendu.*
	Aud iverint,	*qu'ils aient entendu.*

PLUS-QUE-PARFAIT.

Sing.	Aud ivissem,	*que j'eusse entendu.*
	Aud ivisses,	*que tu eusses entendu.*
	Aud ivisset,	*qu'il eût entendu.*
Plur.	Aud ivissemus,	*que nous eussions entendu.*
	Aud ivissetis,	*que vous eussiez entendu.*
	Aud ivissent,	*qu'ils eussent entendu.*

Autrement pour le françois : *J'aurois entendu*, *tu aurois entendu*, *il auroit entendu*; *nous aurions entendu*, *vous auriez entendu*, *ils auroient entendu.*

INFINITIF.

PRÉSENT et IMPARFAIT.

Aud ire, *entendre* *, *qu'il entend* ou *qu'il entendoit.*

PARFAIT et PLUS-QUE-PARFAIT.

Aud ivisse, *avoir entendu*, *qu'il a* ou *qu'il avoit entendu.*

FUTUR. (*Il se décline.*)

Aud iturum, aud ituram esse, *devoir entendre*, *qu'il entendra* ou *qu'il entendroit.*

FUTUR PASSÉ. (*Il se décline.*)

Aud iturum, aud ituram fuisse, *avoir dû entendre*, *qu'il eût* ou *qu'il auroit entendu.*

---

* La quatrième conjugaison françoise comprend tous les verbes dont l'infinitif est terminé en *re* : ils se conjuguent sur *entendre.*

PARTICIPE PRÉSENT.

Aud iens, aud ientis, *entendant*, *qui entend* ou *qui entendoit*.

PARTICIPE FUTUR.

Aud iturus, aud itura, aud iturum, *devant entendre*, *qui doit* ou *qui devoit entendre*.

SUPIN.

Aud itum, *à entendre*.

GÉRONDIFS.

Aud iendi, *d'entendre*.
Aud iendo, *en entendant*.
Aud iendum, *à entendre* ou *pour entendre*.

Ainsi se conjuguent *aperire*, ouvrir; *munire*, fortifier; *sepelire*, ensevelir; *punire*, punir, etc.

REMARQUE. On peut faire une *syncope*, c'est-à-dire retrancher quelques lettres dans les parfaits et dans tous les temps qui en sont formés, en ôtant *ve* ou *vi*, et quelquefois le *v* seulement dans la quatrième conjugaison: ainsi l'on dit *amârunt* pour *amaverunt*; *implessem* pour *implevissem*; *audieram* pour *audiveram*; *audiissem* pour *audivissem*.

QUATRIÈME CONJUGAISON PASSIVE.

AUDIRI.

INDICATIF.

PRÉSENT.

Sing. AUD IOR, *je suis écouté* ou *entendu*.
Aud iris *ou* aud ire, *tu es écouté*.
Aud itur, *il est écouté*.
Plur. Aud imur, *nous sommes écoutés* ou *entendus*.
Aud imini, *vous êtes écoutés*.
Aud iuntur, *ils sont écoutés*.

IMPARFAIT.

Sing. Aud iebar, *j'étois écouté* ou *entendu.*
Aud iebaris *ou* aud iebare, *tu étois écouté.*
Aud iebatur, *il étoit écouté.*
Plur. Aud iebamur, *nous étions écoutés.*
Aud iebamini, *vous étiez écoutés.*
Aud iebantur, *ils étoient écoutés.*

PARFAIT. (*Il se décline.*)

Sing. Aud itus sum *ou* fui, *j'ai été écouté* ou *entendu.*
Aud itus es *ou* fuisti, *tu as été écouté.*
Aud itus est *ou* fuit, *il a été écouté.*
Plur. Aud iti sumus *ou* fuimus, *nous avons été écoutés.*
Aud iti estis *ou* fuistis, *vous avez été écoutés.*
Aud iti sunt *ou* fuerunt, *ils ont été écoutés.*

Autrement pour le françois : *Je fus écouté, tu fus écouté, il fut écouté; nous fûmes écoutés, vous fûtes écoutés, ils furent écoutés.*

Ou : *J'eus été écouté, tu eus été écouté, il eut été écouté; nous eûmes été écoutés, vous eûtes été écoutés, ils eurent été écoutés.*

PLUS-QUE-PARFAIT. (*Il se décline.*)

Sing. Aud itus eram *ou* fueram, *j'avois été écouté.*
Aud itus eras *ou* fueras, *tu avois été écouté.*
Aud itus erat *ou* fuerat, *il avoit été écouté.*
Plur. Aud iti eramus *ou* fueramus, *nous avions été écoutés.*
Aud iti eratis *ou* fueratis, *vous aviez été écoutés.*
Aud iti erant *ou* fuerant, *ils avoient été écoutés.*

FUTUR.

Sing.	Aud iar,	*je serai écouté.*
	Aud ieris *ou* aud iere,	*tu seras écouté.*
	Aud ietur,	*il sera écouté.*
Plur.	Aud iemur,	*nous serons écoutés.*
	Aud iemini,	*vous serez écoutés.*
	Aud ientur,	*ils seront écoutés.*

FUTUR PASSÉ. (*Il se décline.*)

Sing.	Aud itus ero *ou* fuero,	*j'aurai été écouté.*
	Aud itus eris *ou* fueris,	*tu auras été écouté.*
	Aud itus erit *ou* fuerit,	*il aura été écouté.*
Plur.	Aud iti erimus *ou* fuerimus,	*nous aurons été écoutés.*
	Aud iti eritis *ou* fueritis,	*vous aurez été écoutés.*
	Aud iti erunt *ou* fuerint,	*ils auront été écoutés.*

IMPÉRATIF.

Point de première personne au singulier.

Sing.	Aud ire *ou* aud itor,	*sois écouté.*
	Aud itor (ille),	*qu'il soit écouté.*
Plur.	Aud iamur,	*soyons écoutés.*
	Aud imini,	*soyez écoutés.*
	Aud iuntor,	*qu'ils soient écoutés.*

SUBJONCTIF.

PRÉSENT.

Sing.	Aud iar,	*que je sois écouté.*
	Aud iaris *ou* aud iare,	*que tu sois écouté.*
	Aud iatur,	*qu'il soit écouté.*
Plur.	Aud iamur,	*que nous soyons écoutés.*
	Aud iamini,	*que vous soyez écoutés.*
	Aud iantur,	*qu'ils soient écoutés.*

IMPARFAIT.

Sing. Aud irer, *que je fusse écouté.*
Aud ireris *ou* aud irere, *que tu fusses écouté.*
Aud iretur, *qu'il fût ecouté.*
Plur. Aud iremur, *que nous fussions écoutés.*
Aud iremini, *que vous fussiez écoutés.*
Aud irentur, *qu'ils fussent écoutés.*

Autrement pour le françois : *Je serois écouté, tu serois écouté, il seroit écouté; nous serions écoutés, vous seriez écoutés, ils seroient écoutés.*

PARFAIT. (*Il se décline.*)

Sing. Aud itus sim *ou* fuerim, *que j'aie été écouté.*
Aud itus sis *ou* fueris, *que tu aies été (écouté.*
Aud itus sit *ou* fuerit, *qu'il ait été écouté.*
Plur. Aud iti simus *ou* fuerimus, *que nous ayons (été écoutés.*
Aud iti sitis *ou* fueritis, *que vous ayez été (écoutés.*
Aud iti sint *ou* fuerint, *qu'ils aient été (écoutés.*

PLUS-QUE-PARFAIT. (*Il se décline.*)

Sing. Aud itus essem *ou* fuissem, *que j'eusse été (écouté.*
Aud itus esses *ou* fuisses, *que tu eusses été (écouté.*
Aud itus esset *ou* fuisset, *qu'il eût été (écouté.*
Plur. Aud iti essemus *ou* fuissemus, *que nous (eussions été écoutés.*
Aud iti essetis *ou* fuissetis, *que vous eussiez (été écoutés.*
Aud iti essent *ou* fuissent, *qu'ils eussent été (écoutés.*

Autrement pour le françois : *J'aurois été écouté, tu aurois été écouté, il auroit été écouté; nous aurions été écoutés, vous auriez été écoutés, ils auroient été écoutés.*

INFINITIF.

Présent et Imparfait.

Aud iri, *être écouté.*

Parfait et Plus-que-parfait. (*Il se décline.*)

Aud itum, aud itam esse *ou* fuisse, *avoir été écouté.*

Futur.

Aud itum (*indécl.*) iri, aud iendum (*déclin.*) esse, (*devoir être écouté, qu'il sera* ou *qu'il seroit* (*écouté.*

Futur passé. (*Il se décline.*)

Aud iendum fuisse, *avoir dû être écouté, qu'il* (*auroit* ou *qu'il eût été écouté.*

Participe passé.

Aud itus, aud ita, aud itum, *écouté, ayant été* (*écouté* ou *qui a été écouté.*

Participe futur.

Aud iendus, aud ienda, aud iendum, *devant être* (*écouté, qui doit* ou *qui devoit être écouté.*

Supin.

Aud itu, *à être écouté.*

Ainsi se conjuguent *aperior*, je suis ouvert; *munior*, je suis fortifié; *sepelior*, je suis enseveli; *punior*, je suis puni, *etc.*

TABLEAU GÉNÉRAL,

Dans lequel on a mis sous un même coup d'œil les quatre Conjugaisons actives.

INDICATIF.	1.		2.		3.		4.	
Présent.	Am o,	as.	Mon eo,	es.	Leg o,	is.	Aud io,	is.
Imparfait.	Amab am,	as.	Moneb am,	as.	Legeb am,	as.	Audieb am,	as.
Parfait.	Amav i,	isti.	Monu i,	isti.	Leg i,	isti.	Audiv i,	isti.
Plus-que-parfait.	Amaver am,	as.	Monuer am,	as.	Leger am,	as.	Audiver am,	as.
Futur.	Amab o,	is.	Moneb o,	is.	Leg am,	es.	Audi am,	es.
Futur passé.	Amaver o,	is.	Monuer o,	is.	Leger o,	is.	Audiver o,	is.
IMPÉRATIF.	Ama,	to.	Mone,	to.	Leg e,	ito.	Aud i,	ito.
SUBJONCTIF.								
Présent.	Am em,	es.	Mone am,	as.	Leg am,	as.	Audi am,	as.
Imparfait.	Amar em,	es.	Moner em,	es.	Leger em,	es.	Audir em,	es.
Parfait.	Amaver im,	is.	Monuer im,	is.	Leger im,	is.	Audiver im,	is.
Plus-que-parfait.	Amaviss em,	es.	Monuiss em,	es.	Legiss em,	es.	Audiviss em,	es.
INFINITIF.	Ama re,	visse.	Mon ere,	uisse.	Leg ere,	isse.	Aud ire,	ivisse.

FORMATION DES TEMPS.

Présent de l'Infinitif.

Otez-en la dernière syllabe, vous aurez l'impératif.

Ama, mone, lege, audi.

Ajoutez-y *m*, vous aurez l'imparfait du subjonctif.

Amare m, monere m, legere m, audire m.

Présent de l'Indicatif.

1.° Dans les deux premières conjugaisons, changez *o* en *abo*, *ebo*, vous aurez le futur : *am abo*, *mon ebo*; dans les deux dernières, changez *o* en *am* : *leg am*, *audi am*.

2.° Dans la première conjugaison, changez *o* en *em*, vous aurez le présent du subjonctif : *am em*; dans les trois autres, changez *o* en *am* : *mone am*, *leg am*, *audi am*.

Parfait de l'Indicatif.

Changez *i* en *eram*, vous aurez le plus-que-parfait.

Amav eram, monu eram, leg eram, audiv eram.

Changez *i* en *ero*, vous aurez le futur passé.

Amav ero, monu ero, leg ero, audiv ero.

Changez *i* en *erim*, vous aurez le parfait du subjonctif.

Amav erim, monu erim, leg erim, audiv erim.

Changez *i* en *issem*, vous aurez le plus-que-parfait du subjonctif.

Amav issem, monu issem, leg issem, audiv issem.

RÈGLE DES VERBES ACTIFS.

Amo Deum.

Tous les Verbes actifs gouvernent l'accusatif.

Exemples.

J'aime, j'aimois, j'ai aimé, j'aimerai Dieu : *amo, amabam, amavi, amabo Deum.*

Vous aviez instruit, vous instruiriez l'enfant : *docueras, doceres puerum.*

Il aura lu, il auroit lu le livre : *legerit, legisset librum*; écoutez votre maître : *audi magistrum tuum.*

TABLEAU GÉNÉRAL,

Dans lequel on a mis sous un même coup-d'œil les quatre Conjugaisons passives.

INDICATIF.	1.	2.	3.	4.
Présent.	Am or, aris.	Mon eor, eris.	Leg or, eris.	Aud ior, iris.
Imparfait.	Amab ar, aris.	Moneb ar, aris.	Legeb ar, aris.	Audieb ar, aris.
Parfait.	Am atus sum *ou* fui.	Mon itus sum.	Lec tus sum.	Aud itus sum.
Plus-que-parfait.	Am atus eram *ou* fueram.	Mon itus eram.	Lec tus eram.	Aud itus eram.
Futur.	Amab or, eris.	Moneb or, eris.	Leg ar, eris.	Aud iar, ieris.
Futur passé.	Am atus ero *ou* fuero.	Mon itus ero.	Lec tus ero.	Aud itus ero.
IMPÉRATIF.	Am are, ator.	Mon ere, etor.	Leg ere, itor.	Aud ire, itor.
SUBJONCTIF.				
Présent.	Am er, eris.	Mone ar, aris.	Leg ar, aris.	Aud iar, aris.
Imparfait.	Amar er, eris.	Moner er, eris.	Leger er, eris.	Audir er, eris.
Parfait.	Am atus sim *ou* fuerim.	Mon itus sim.	Lec tus sim.	Aud itus sim.
Plus-que-parfait.	Am atus essem *ou* fuissem.	Mon itus essem.	Lec tus essem.	Aud itus essem.
INFINITIF.	Am ari.	Mon eri.	Leg i.	Aud iri.

Remarque sur la formation des temps.

1.° L'impératif passif est toujours semblable à l'infinitif actif.

2.° Les temps simples du passif se forment des mêmes temps de l'actif, en ajoutant *r* à ceux qui sont terminés en *o : amo*, *amor ; amabo*, *amabor ;* et en changeant *m* en *r* aux temps de l'actif qui sont terminés en *m : amabam*, *amabar ; amarem*, *amarer ; legam*, *legar ; audiam*, *audiar.*

RÈGLES DES VERBES PASSIFS.

Amor à Deo.

De ou *par* après un verbe passif s'expriment en latin par *à* devant une consonne, et *ab* devant une voyelle; et le nom suivant se met à l'ablatif.

Exemples.

Je suis aimé, j'étois aimé, je serai aimé de Dieu, *amor*, *amabar*, *amabor à Deo ;* de mon ami, *ab amico meo.*

Vous étiez écouté, vous aviez été écouté par vos écoliers : *audiebaris*, *auditus fueras à tuis discipulis.*

Il sera instruit, il aura été instruit par le maître : *docebitur*, *doctus erit à magistro.*

VERBES DÉPONENS.

Les verbes déponens se conjugent pour le latin comme les verbes passifs, et pour le françois comme les verbes actifs. Il y a des verbes déponens de chacune des quatre conjugaisons passives.

Verbe déponent de la première Conjugaison.

Sur *Amor.*

INDICATIF.

PRÉSENT.

Sing.	IMIT OR,	*j'imite.*
	Imit aris *ou* imit are,	*tu imites.*
	Imit atur,	*il imite.*
Plur.	Imit amur,	*nous imitons.*
	Imit amini,	*vous imitez.*
	Imit antur,	*ils imitent.*

IMPARFAIT.

Sing.	Imit abar,	*j'imitois.*
	Imit abaris *ou* imit abare,	*tu imitois.*
	Imit abatur,	*il imitoit.*
Plur.	Imit abamur,	*nous imitions.*
	Imit abamini,	*vous imitiez.*
	Imit abantur,	*ils imitoient.*

PARFAIT. (*Il se décline.*)

Sing.	Imit atus sum *ou* fui,	*j'ai imité.*
	Imit atus es *ou* fuisti,	*tu as imité.*
	Imit atus est *ou* fuit,	*il a imité.*
Plur.	Imit ati sumus *ou* fuimus,	*nous avons imité.*
	Imit ati estis *ou* fuistis,	*vous avez imité.*
	Imit ati sunt *ou* fuerunt,	*ils ont imité.*

Autrement pour le françois : *J'imitai, tu imitas, il imita; nous imitâmes, vous imitâtes, ils imitèrent.*

Ou : *J'eus imité, tu eus imité, il eut imité; nous eûmes imité, vous eûtes imité, ils eurent imité.*

PLUS-QUE-PARFAIT. (*Il se décline.*)

Sing.	Imit atus eram *ou* fueram,	*j'avois imité.*
	Imit atus eras *ou* fueras,	*tu avois imité.*
	Imit atus erat *ou* fuerat,	*il avoit imité.*
Plur.	Imit ati eramus *ou* fueramus,	*nous avions (imité.*
	Imit ati eratis *ou* fueratis,	*vous aviez imité.*
	Imit ati erant *ou* fuerant,	*ils avoient imité.*

FUTUR.

Sing.	Imit abor,	*j'imiterai.*
	Imit aberis *ou* imit abere,	*tu imiteras.*
	Imit abitur,	*il imitera.*
Plur.	Imit abimur,	*nous imiterons.*
	Imit abimini,	*vous imiterez.*
	Imit abuntur,	*ils imiteront.*

FUTUR PASSÉ. (*Il se décline.*)

Sing.	Imit atus ero *ou* fuero,	*j'aurai imité.*
	Imit atus eris *ou* fueris,	*tu auras imité.*
	Imit atus erit *ou* fuerit,	*il aura imité.*
Plur.	Imit ati erimus *ou* fuerimus,	*nous aurons (imité.*
	Imit ati eritis *ou* fueritis,	*vous aurez imité.*
	Imit ati erunt *ou* fuerint,	*ils auront imité.*

IMPÉRATIF.

Point de première personne au singulier.

Sing.	Imit are *ou* imit ator,	*imite.*
	Imit ator (ille),	*qu'il imite.*
Plur.	Imit emur,	*imitons.*
	Imit amini,	*imitez.*
	Imit antor,	*qu'ils imitent.*

SUBJONCTIF.

PRÉSENT.

Sing.	Imit er,	*que j'imite.*
	Imit eris *ou* imit ere,	*que tu imites.*
	Imit etur,	*qu'il imite.*

Plur.	Imit emur,	*que nous imitions.*
	Imit emini,	*que vous imitiez.*
	Imit entur,	*qu'ils imitent.*

IMPARFAIT.

Sing.	Imit arer,	*que j'imitasse.*
	Imit areris *ou* imit arere,	*que tu imitasses.*
	Imit aretur,	*qu'il imitât.*
Plur.	Imit aremur,	*que nous imitassions.*
	Imit aremini,	*que vous imitassiez.*
	Imit arentur,	*qu'ils imitassent.*

Autrement pour le françois : *J'imiterois, tu imiterois, il imiteroit ; nous imiterions, vous imiteriez, ils imiteroient.*

PARFAIT. (*Il se décline.*)

Sing.	Imit atus sim *ou* fuerim,	*que j'aie imité.*
	Imit atus sis *ou* fueris,	*que tu aies imité.*
	Imit atus sit *ou* fuerit,	*qu'il ait imité.*
Plur.	Imit ati simus *ou* fuerimus,	*que nous ayons imité.*
	Imit ati sitis *ou* fueritis,	*que vous ayez imité.*
	Imit ati sint *ou* fuerint,	*qu'ils aient imité.*

PLUS-QUE-PARFAIT. (*Il se décline.*)

Sing.	Imit atus essem *ou* fuissem,	*que j'eusse imité.*
	Imit atus esses *ou* fuisses,	*que tu eusses imité.*
	Imit atus esset *ou* fuisset,	*qu'il eût imité.*
Plur.	Imit ati essemus *ou* fuissemus,	*que nous eussions imité.*
	Imit ati essetis *ou* fuissetis,	*que vous eussiez imité.*
	Imit ati essent *ou* fuissent,	*qu'ils eussent imité.*

Autrement pour le françois : *J'aurois imité, tu aurois imité, il auroit imité; nous aurions imité, vous auriez imité, ils auroient imité.*

INFINITIF.

Présent et Imparfait.

Imit ari, *imiter.*

Parfait et Plus-que-parfait. (*Il se décline.*)

Imit atum, imit atam esse *ou* fuisse, *avoir imité.*

Futur. (*Il se décline.*)

Imit aturum, imit aturam esse, *devoir imiter, qu'il imitera* ou *qu'il imiteroit.*

Futur passé. (*Il se décline.*)

Imit aturum, imit aturam fuisse, *avoir dû imiter, qu'il auroit* ou *qu'il eût imité.*

Participe présent.

Imit ans, imit antis, *imitant, qui imite, qui imitoit.*

Participe passé actif.

Imit atus, imit ata, imit atum, *ayant imité, qui a* (ou *qui avoit imité.*

Participe futur actif.

Imit aturus, imit atura, imit aturum, *devant imiter, qui imitera* ou *qui doit imiter.*

Participe futur passif.

Imit andus, imit anda, imit andum, *qui doit être imité.*

Supins.

Imit atum, *à imiter.*
Imit atu, *à être imité.*

Gérondifs.

Imit andi, *d'imiter.*

Imit ando, *en imitant.*
Imit andum, *à imiter* ou *pour imiter.*

Ainsi se conjuguent *mirari*, *miror*, admirer; *hortari*, *hortor*, exhorter; *precari*, *precor*, prier; *venerari*, *veneror*, respecter.

Il suffira, pour les autres verbes déponens, d'indiquer la première personne dans chaque temps composé.

Verbe déponent de la seconde Conjugaison.

Sur *Moneor.*

INDICATIF.

Présent.

Sing.	Pollic eor,	*je promets.*
	Pollic eris *ou* pollic ere,	*tu promets.*
	Pollic etur,	*il promet.*
Plur.	Pollic emur,	*nous promettons.*
	Pollic emini,	*vous promettez.*
	Pollic entur,	*ils promettent.*

Imparfait.

Sing.	Pollic ebar,	*je promettois.*
	Pollic ebaris *ou* pollic ebare,	*tu promettois.*
	Pollic ebatur,	*il promettoit.*
Plur.	Pollic ebamur,	*nous promettions.*
	Pollic ebamini,	*vous promettiez.*
	Pollic ebantur,	*ils promettoient.*

Parfait.

Pollic itus sum *ou* fui, *j'ai promis, etc.*

Plus-que-parfait.

Pollic itus eram *ou* fueram, *j'avois promis, etc.*

Futur.

Sing.	Pollic ebor,	*je promettrai.*
	Pollic eberis *ou* pollic ebere,	*tu promettras.*
	Pollic ebitur,	*il promettra.*
Plur.	Pollic ebimur,	*nous promettrons.*
	Pollic ebimini,	*vous promettrez.*
	Pollic ebuntur,	*ils promettront.*

Futur passé.

Pollic itus ero *ou* fuero, *j'aurai promis, etc.*

IMPÉRATIF.

Point de première personne au singulier.

Sing.	Pollic ere *ou* pollic etor,	*promets.*
	Pollic etor (ille),	*qu'il promette.*
Plur.	Pollic eamur,	*promettons.*
	Pollic emini,	*promettez.*
	Pollic entor,	*qu'ils promettent.*

SUBJONCTIF.

Présent.

Sing.	Pollic ear,	*que je promette.*
	Pollic earis *ou* pollic eare,	*que tu promettes.*
	Pollic eatur,	*qu'il promette.*
Plur.	Pollic eamur,	*que nous promettions.*
	Pollic eamini,	*que vous promettiez.*
	Pollic eantur,	*qu'ils promettent.*

Imparfait.

Sing.	Pollic erer,	*que je promisse* ou *je promettrois.*
	Pollic ereris *ou* pollic erere,	*que tu promisses.*
	Pollic eretur,	*qu'il promît.*

Sing.	Pollic eremur,	*que nous promissions.*
	Pollic eremini,	*que vous promissiez.*
	Pollic erentur,	*qu'ils promissent.*

PARFAIT.

Pollic itus sim *ou* fuerim, *que j'aie promis.*

PLUS-QUE-PARFAIT.

Pollic itus essem *ou* fuissem, *que j'eusse promis, etc.*, ou *j'aurois promis.*

INFINITIF.

PRÉSENT et IMPARFAIT.

Pollic eri, *promettre.*

PARFAIT et PLUS-QUE-PARFAIT. (*Il se décline.*)

Pollic itum, pollic itam esse *ou* fuisse, *avoir promis.*

FUTUR. (*Il se décline.*)

Pollic iturum, pollic ituram esse, *devoir promettre*, *qu'il promettra* ou *qu'il promettroit.*

FUTUR PASSÉ. (*Il se décline.*)

Pollic iturum, pollic ituram fuisse, *avoir dû promettre, qu'il auroit* ou *qu'il eût promis.*

PARTICIPE PRÉSENT.

Pollic ens, pollic entis, *promettant, qui promet* ou *qui promettoit.*

PARTICIPE PASSÉ ACTIF.

Pollic itus, pollic ita, pollic itum, *ayant promis, qui a promis, qui avoit promis.*

PARTICIPE FUTUR ACTIF.

Pollic iturus, pollic itura, pollic iturum, *devant promettre, qui promettra.*

PARTICIPE FUTUR PASSIF.

Pollic endus, pollic enda, pollic endum, *qui doit être promis.*

SUPINS.

Pollic itum,	*à promettre.*
Pollic itu,	*à être promis.*

GÉRONDIFS.

Pollic endi,	*de promettre.*
Pollic endo,	*en promettant.*
Pollic endum,	*à promettre* ou *pour promettre.*

Ainsi se conjuguent *misereri*, *misereor*, avoir pitié; *vereri*, *vereor*, craindre; *fateri*, *fateor*, avouer, *etc.*

Verbe déponent de la troisième Conjugaison.

Sur *Legor.*

INDICATIF.

PRÉSENT.

Sing.	UT OR,	*je me sers.*
	Ut eris *ou* ut ere,	*tu te sers.*
	Ut itur,	*il se sert.*
Plur.	Ut imur,	*nous nous servons.*
	Ut imini,	*vous vous servez.*
	Ut untur,	*ils se servent.*

IMPARFAIT.

Sing.	Ut ebar,	*je me servois.*
	Ut ebaris *ou* ut ebare,	*tu te servois.*
	Ut ebatur,	*il se servoit.*
Plur.	Ut ebamur,	*nous nous servions.*
	Ut ebamini,	*vous vous serviez.*
	Ut ebantur,	*ils se servoient.*

PARFAIT.

Us us sum *ou* fui, *je me suis servi, etc.*

PLUS-QUE-PARFAIT.

Us us eram *ou* fueram, *je m'étois servi.*

Futur.

Sing.	Ut ar,	*je me servirai.*
	Ut eris *ou* ut ere,	*tu te serviras.*
	Ut etur,	*il se servira.*
Plur.	Ut emur,	*nous nous servirons.*
	Ut emini,	*vous vous servirez.*
	Ut entur,	*ils se serviront.*

Futur passé.

Us us ero *ou* fuero, *je me serai servi.*

IMPÉRATIF.

Point de première personne au singulier.

Sing.	Ut ere *ou* ut itor,	*sers-toi.*
	Ut itor (ille),	*qu'il se serve.*
Plur.	Ut amur,	*servons-nous.*
	Ut imini,	*servez-vous.*
	Ut untor,	*qu'ils se servent.*

SUBJONCTIF.

Présent.

Sing.	Ut ar,	*que je me serve.*
	Ut aris *ou* ut are,	*que tu te serves.*
	Ut atur,	*qu'il se serve.*
Plur.	Ut amur,	*que nous nous servions.*
	Ut amini,	*que vous vous serviez.*
	Ut antur,	*qu'ils se servent.*

Imparfait.

Sing.	Ut erer,	*que je me servisse* ou *je me servirois.*
	Ut ereris *ou* ut erere,	*que tu te servisses.*
	Ut eretur,	*qu'il se servît.*
Plur.	Ut eremur,	*que nous nous servissions.*
	Ut eremini,	*que vous vous servissiez.*
	Ut erentur,	*qu'ils se servissent.*

PARFAIT.

Us us sim *ou* fuerim, *que je me sois servi, etc.*

PLUS-QUE-PARFAIT.

Us us essem *ou* fuissem, *que je me fusse servi* ou (*je me serois servi.*

INFINITIF.

PRÉSENT et IMPARFAIT.

Ut i, *se servir.*

PARFAIT et PLUS-QUE-PARFAIT. (*Il se décline.*)

Us um, us am esse *ou* fuisse, *s'être servi.*

FUTUR. (*Il se décline.*)

Us urum, us uram esse, *devoir se servir, qu'il se* (*servira* ou *qu'il se serviroit.*

FUTUR PASSÉ. (*Il se décline.*)

Us urum, us uram fuisse, *avoir dû se servir, qu'il* (*se fût servi* ou *qu'il se seroit servi.*

PARTICIPE PRÉSENT.

Ut ens, ut entis, *se servant, qui se sert, qui se* (*servoit.*

PARTICIPE PASSÉ ACTIF.

Us us, us a, us um, *s'étant servi, qui s'est servi* (ou *qui s'étoit servi.*

PARTICIPE FUTUR ACTIF.

Us urus, us ura, us urum, *devant se servir, qui* (*doit* ou *devoit se servir.*

PARTICIPE FUTUR PASSIF.

Ut endus, ut enda, ut endum, *dont on doit se* (*servir.*

SUPINS.

Us um, *à se servir.*
Us u, *à être employé.*

GÉRONDIFS.

Ut endi,	*de se servir.*
Ut endo,	*en se servant.*
Ut endum, *à* ou *pour se servir.*	

Ainsi se conjuguent *sequi*, *sequor*, suivre; *loqui loquor*, parler; *ulcisci*, *ulciscor*, venger; *nasci*, *nascor*, naître.

Verbe déponent de la quatrième Conjugaison.

Sur *Audior.*

INDICATIF.

PRÉSENT.

Sing.	BLAND IOR,	*je flatte.*
	Bland iris *ou* bland ire,	*tu flattes.*
	Bland itur,	*il flatte.*
Plur.	Bland imur,	*nous flattons.*
	Bland imini,	*vous flattez.*
	Bland iuntur,	*ils flattent.*

IMPARFAIT.

Sing.	Bland iebar,	*je flattois*
	Bland iebaris *ou* bland iebare,	*tu flattois*
	Bland iebatur,	*il flattoit*
Plur.	Bland iebamur,	*nous flattions*
	Bland iebamini,	*vous flattiez*
	Bland iebantur,	*ils flattoient*

PARFAIT.

Sing.	Bland itus sum *ou* fui,	*j'ai flatté, etc*

PLUS-QUE-PARFAIT.

Bland itus eram *ou* fueram, *j'avois flatté*

FUTUR.

Sing.	Bland iar,	*je flatterai*
	Bland ieris *ou* bland iere,	*tu flatteras*
	Bland ietur,	*il flattera*

Plur.	Bland iemur,	*nous flatterons.*
	Bland iemini,	*vous flatterez.*
	Bland ientur,	*ils flatteront.*

FUTUR PASSÉ.

Bland itus ero *ou* fuero, *j'aurai flatté, etc.*

IMPÉRATIF.

Point de première personne au singulier.

Sing.	Bland ire *ou* bland itor,	*flatte.*
	Bland itor (ille),	*qu'il flatte.*
Plur.	Bland iamur,	*flattons.*
	Bland imini,	*flattez.*
	Bland iuntor,	*qu'ils flattent.*

SUBJONCTIF.

PRÉSENT.

Sing.	Bland iar,	*que je flatte.*
	Bland iaris *ou* bland iare,	*que tu flattes.*
	Bland iatur,	*qu'il flatte.*
Plur.	Bland iamur,	*que nous flattions.*
	Bland iamini,	*que vous flattiez.*
	Bland iantur,	*qu'ils flattent.*

IMPARFAIT.

Sing.	Bland irer,	*que je flattasse* ou *je flatterois.*
	Bland ireris *ou* bland irere,	*que tu flattasses.*
	Bland iretur,	*qu'il flattât.*
Plur.	Bland iremur,	*que nous flattassions.*
	Bland iremini,	*que vous flattassiez.*
	Bland irentur,	*qu'ils flattassent.*

PARFAIT.

Bland itus sim *ou* fuerim, *que j'aie flatté, etc.*

PLUS-QUE-PARFAIT.

Bland itus essem *ou* fuissem, *que j'eusse flatté* ou *j'aurois flatté, etc.*

INFINITIF.

Présent et Imparfait.

Bland iri, *flatter.*

Parfait et Plus-que-parfait. (*Il se décline.*)

Bland itum, bland itam esse, *avoir flatté.*

Futur. (*Il se décline.*)

Bland iturum, blan ituram esse, *devoir flatter*, (*qu'il flattera* ou *flatteroit.*

Futur passé. (*Il se décline.*)

Bland iturum, bland ituram fuisse, *avoir dû flatter*, *qu'il eût* ou *qu'il auroit flatté.*

Participe présent.

Bland iens, bland ientis, *flattant*, *qui flatte* ou *qui flattoit.*

Participe futur actif.

Bland iturus, bland itura, bland iturum, *devant flatter*, *qui flattera* ou *qui doit flatter.*

Supins.

Bland itum, *à flatter.*
Bland itu, *à être flatté.*

Gérondifs.

Bland iendi, *de flatter.*
Bland iendo, *en flattant.*
Bland iendum, *à flatter* ou *pour flatter.*

Ainsi se conjuguent *largiri*, *largior*, donner; *experiri*, *experior*, éprouver; *metiri*, *metior*, mesurer; *partiri*, *partior*, partager.

Remarque. Dans les verbes déponens la seconde personne de l'impératif est toujours semblable à la seconde personne du présent de l'indicatif en *re.*

Ajoutez

Ajoutez *r* à la seconde personne de l'impératif, vous aurez l'imparfait du subjonctif : *imitare*, *imitarer*; *pollicere*, *pollicerer*; *utere*, *uterer*; *blandire*, *blandirer*.

RÈGLE DES VERBES DÉPONENS.

I.

Imitor patrem meum.

Il y a des verbes déponens qui gouvernent l'accusatif.

Exemples :

J'imite mon père, *imitor patrem meum* : vous avez promis une récompense, *pollicitus es mercedem.*

II.

Miserere pauperis.

Il y a des verbes déponens qui gouvernent le génitif.

Ayez pitié du pauvre, *miserere pauperis.*

III.

Blanditur nutrici.

Il y a des verbes déponens qui gouvernent le datif.

Il caresse *ou* il flatte la nourrice, *blanditur nutrici.*

IV.

Utor lacte.

Il y a des verbes déponens qui gouvernent l'ablatif.

Je fais usage du lait, *utor lacte.*

Le Dictionnaire indique à chaque verbe déponent le cas qu'il régit.

VERBES NEUTRES.

Les verbes neutres se conjuguent comme les verbes actifs, mais ils n'ont point de passif : comme *noceo*, je nuis à ; *studeo*, j'étudie ; *faveo*, je favorise.

La plupart des verbes neutres gouvernent le datif. *Exemples :* Il nuit aux autres, *nocet aliis ;* j'étudie la grammaire, *studeo grammaticæ ;* vous favorisez la noblesse, *faves nobilitati.*

SUPPLÉMENT AUX VERBES.

Verbes irréguliers.

On appelle *irréguliers* les verbes qui, dans quelques-uns de leurs temps ou en quelques-unes de leurs personnes, se conjuguent autrement que les quatre dont nous avons parlé.

VERBE NEUTRE PASSIF

De la seconde Conjugaison.

On l'appelle *neutre passif*, parce qu'il a le parfait et les temps qui en sont formés, terminés en *us* comme le passif. Il se conjugue comme *moneo*, excepté les parfaits qui se conjuguent comme *monitus sum*, etc. C'est pourquoi on a indiqué seulement les premières personnes de chaque temps.

INDICATIF.

Présent. GAUDEO, *je me réjouis*, etc.
Imparfait. Gaudebam, *je me réjouissois*, etc.
Parfait. Gavisus sum *ou* fui, *je me suis réjoui*, etc.

Plus-que-parf. Gavisus eram *ou* fueram, *je m'étois réjoui*, etc.
Futur. Gaudebo, *je me réjouirai*, etc.
Futur passé. Gavisus ero *ou* fuero, *je me serai réjoui*, etc.

IMPÉRATIF.

Gaude *ou* gaudeto, *réjouis-toi*, etc.

SUBJONCTIF.

Présent. Gaudeam, *que je me réjouisse*, etc.
Imparfait. Gauderem, *que je me réjouisse* ou *je me réjouirois*, etc.
Parfait. Gavisus sim *ou* fuerim, *que je me sois réjoui*, etc.
Plus-que-parf. Gavisus essem *ou* fuissem, *que je me fusse réjoui*, etc.

INFINITIF.

Présent et Imparfait.

Gaudere, *se réjouir.*

Parfait et Plus-que-parfait.

Gavisum esse *ou* fuisse, *s'être réjoui.*

Futur.

Gavisurum esse, *devoir se réjouir*, *qu'il se réjouira.*

Futur passé.

Gavisurum fuisse, *avoir dû se réjouir.*

Participe présent.

Gaudens, gaudentis, *se réjouissant.*

Participe passé.

Gavisus, gavisa, gavisum, *s'étant réjoui.*

Participe futur.

Gavisurus, gavisura, gavisurum, *devant se réjouir.*

SUPINS.

Gavisum, *se réjouir.*
Gavisu, *à se réjouir.*

GÉRONDIFS.

Gaudendi, *de se réjouir.*
Gaudendo, *en se réjouissant.*
Gaudendum, *à se réjouir* ou *pour se réjouir,*

Ainsi se conjuguent *audere*, *audeo*, *ausus sum*, oser; *solere*, *soleo*, *solitus sum*, avoir coutume.

VERBE IRRÉGULIER

De la troisième Conjugaison.

INDICATIF.

PRÉSENT.

Sing. FERO, *je porte.*
Fers, *tu portes.*
Fert, *il porte.*
Plur. Ferimus, *nous portons.*
Fertis, *vous portez.*
Ferunt, *ils portent.*

Imparfait. Ferebam, *je portois*, etc.
Parfait. Tuli, *j'ai porté*, etc.
Plus-que-parf. Tuleram, *j'avois porté*, etc.
Futur. Feram, *je porterai*, etc.
Futur passé. Tulero, *j'aurai porté*, etc.

IMPÉRATIF.

Sing. Fer *ou* ferto, *porte.*
Ferto (ille), *qu'il porte.*
Plur. Feramus, *portons.*
Ferte *ou* fertote, *portez.*
Ferunto, *qu'ils portent.*

SUBJONCTIF.

Présent. Feram, *que je porte*, etc.
Imparfait. Ferrem, *que je portasse* ou *je porterois*, etc.
Parfait. Tulerim, *que j'aie porté*, etc.
Plus-que-parf. Tulissem, *que j'eusse porté* ou *j'aurois porté*, etc.

INFINITIF.

PRÉSENT ET IMPARFAIT.

Ferre, *porter.*

PARFAIT et PLUS-QUE-PARFAIT.

Tulisse, *avoir porté.*

FUTUR.

Laturum esse, *devoir porter*, *qu'il portera* ou *qu'il porteroit.*

FUTUR PASSÉ.

Laturum fuisse, *avoir dû porter*, *qu'il auroit porté.*

PARTICIPE PRÉSENT.

Ferens, *portant.*

PARTICIPE FUTUR.

Laturus, latura, laturum, *devant porter.*

SUPIN.

Latum, *porter.*

GÉRONDIFS.

Ferendi, *de porter.*
Ferendo, *en portant.*
Ferendum, *à porter* ou *pour porter.*

Ainsi se conjuguent les composés de *fèro*, comme *offero*, *offers*, *obtuli*, *oblatum*, *offerre*, offrir; *differo*, *differs*, *distuli*, *dilatum*, *differre*, différer, *etc.*

PASSIF, FEROR.

INDICATIF.

PRÉSENT.

Sing.	FEROR, *je suis porté.*
	Ferris *ou* ferre, *tu es porté.*
	Fertur, *il est porté.*
Plur.	Ferimur, *nous sommes portés.*
	Ferimini, *vous êtes portés.*
	Feruntur, *ils sont portés.*
Imparfait.	Ferebar, *j'étois porté.*
Parfait.	Latus sum *ou* fui, *j'ai été porté*, etc.
Plus-que-parf.	Latus eram *ou* fueram, *j'avois été porté*, etc.
Futur.	Ferar, *je serai porté*, etc.
Futur passé.	Latus ero *ou* fuero, *j'aurai été porté.*

IMPÉRATIF.

Sing.	Ferre *ou* fertor, *sois porté.*
	Fertor (ille), *qu'il soit porté.*
Plur.	Feramur, *soyons portés.*
	Ferimini, *soyez portés.*
	Feruntor, *qu'ils soient portés.*

SUBJONCTIF.

Présent.	Ferar, *que je sois porté*, etc.
Imparfait.	Ferrer, *que je fusse porté* ou *je serois porté*, etc.
Parfait.	Latus sim *ou* fuerim, *que j'aie été porté*, etc.
Plus-que-parf.	Latus essem *ou* fuissem, *que j'eusse été porté*, etc.

INFINITIF.

PRÉSENT et IMPARFAIT.

Ferri, *être porté.*

PARFAIT et PLUS-QUE-PARFAIT.

Latum esse *ou* fuisse, *avoir été porté.*

FUTUR.

Latum iri *ou* ferendum esse, *devoir être porté.*

FUTUR PASSÉ.

Ferendum fuisse, *qu'il eût* ou *auroit été porté.*

PARTICIPE PASSÉ.

Latus, lata, latum, *porté, ayant été porté.*

PARTICIPE FUTUR.

Ferendus, ferenda, ferendum, *devant être porté*, etc.

SUPIN.

Latu, *à être porté.*

VERBES IRRÉGULIERS

De la quatrième Conjugaison.

INDICATIF.

PRÉSENT.

Sing. Eo, *je vais* ou *je vas.*
Is, *tu vas.*
It, *il va.*
Plur. Imus, *nous allons.*
Itis, *vous allez.*
Eunt, *ils vont.*

Imparfait. Ibam, *j'allais*, etc. Ibas.
Parfait. Ivi, *je suis allé*, etc. Ivisti.
Plus-que-parf. Iveram, *j'étois allé*, etc. Iveras.
Futur. Ibo, *j'irai*, etc. Ibis.
Futur passé. Ivero, *je serai allé*, etc. Iveris.

IMPÉRATIF.

Sing. I *ou* ito, *va.*
Ito (ille), *qu'il aille.*

Plur. Eamus, *allons.*
Ite *ou* itote, *allez.*
Eunto, *qu'ils aillent.*

SUBJONCTIF.

Présent. Eam, *que j'aille*, etc. Eas.
Imparfait. Irem, *que j'allasse*, etc. Ires.
Parfait. Iverim, *que je sois allé.*
Plus-que-parf. Ivissem, *que je fusse allé.*

INFINITIF.

PRÉSENT et IMPARFAIT.

Ire, *aller.*

PARFAIT et PLUS-QUE-PARFAIT.

Ivisse, *être allé.*

FUTUR.

Iturum esse, *devoir aller*, *qu'il ira* ou *iroit.*

FUTUR PASSÉ.

Iturum fuisse, *avoir dû aller*, *qu'il seroit allé.*

PARTICIPE PRÉSENT.

Iens, euntis, *allant*, *qui va.*

PARTICIPE FUTUR.

Iturus, itura, iturum, *devant aller*, *qui ira.*

SUPINS.

Itum, *aller*, Itu, *à aller.*

GÉRONDIFS.

Eundi, *d'aller.*
Eundo, *en allant.*
Eundum, *à aller* ou *pour aller.*

Ainsi se conjuguent *exire*, *exeo*, *is*, sortir ; *perire*, *pereo*, *is*, périr ; *redire*, *redeo*, *is*, revenir ; *adire*, *adeo*, *is*, aller trouver ; *transire*, *transeo*, *is* ; *præterire*, *prætereo*, *is*, passer outre *ou* auprès.

VERBE *FIO*.

Quand le verbe *fio* signifie *je deviens*, il est verbe substantif, et quand il signifie *être fait*, c'est le passif du verbe *facere*.

INDICATIF.

Présent.

Sing. Fio, *je deviens* ou *je suis fait*.
Fis, *tu deviens*.
Fit, *il devient*.
Plur. Fimus, *nous devenons*.
Fitis, *vous devenez*.
Fiunt, *ils deviennent*.

Imparfait. Fiebam, *je devenois*. Fiebas, *etc.*
Parfait. Factus sum *ou* fui, *je suis devenu*.
Plus-que-parf. Factus eram *ou* fueram, *j'étois devenu*.
Futur. Fiam, *je deviendrai*. Fies, *etc.*
Futur passé. Factus ero *ou* fuero, *je serai devenu*.

IMPÉRATIF.

Sing. Fi, *deviens*.
Plur. Fite *ou* fitote, *devenez*.

SUBJONCTIF.

Présent. Fiam, *que je devienne*. Fias, *etc.*
Imparfait. Fierem, *que je devinsse* ou *je deviendrois*.
Parfait. Factus sim *ou* fuerim, *que je sois devenu*.
Plus-que-parf. Factus essem *ou* fuissem, *que je fusse devenu*.

INFINITIF.

Présenf et Imparfait.

Fieri, *devenir*.

PARFAIT et PLUS-QUE-PARFAIT.

Factum esse *ou* fuisse, *être devenu.*

FUTUR.

Factum iri *ou* faciendum esse, *qu'il deviendra* ou (*deviendroit.*

FUTUR PASSÉ.

Faciendum fuisse, *qu'il seroit* ou *qu'il fût devenu.*

PARTICIPE PASSÉ.

Factus, a, um, *étant devenu* ou *ayant été fait.*

PARTICIPE FUTUR.

Faciendus, a, um, *devant être fait.*

SUPIN.

Factu, *à faire* ou *à être fait.*

VERBES *VOLO, NOLO, MALO.*

INDICATIF. PRÉSENT.

Sing. VOLO, *je veux.*
Vis, *tu veux.*
Vult, *il veut.*
Plur. Volumus, *nous voulons.*
Vultis, *vous voulez.*
Volunt, *ils veulent.*

Imparfait. Volebam, *je voulois*, etc.
Parfait. Volui, *j'ai voulu*, etc.
Plus-que-parf. Volueram, *j'avois voulu*, etc.
Futur. Volam, *je voudrai.* Voles, etc.
Futur passé. Voluero, *j'aurai voulu.*

SUBJONCTIF. PRÉSENT.

Sing. Velim, *que je veuille.*
Velis, *que tu veuilles.*
Velit, *qu'il veuille.*

Plur. Velimus, *que nous voulions.*
Velitis, *que vous vouliez.*
Velint, *qu'ils veuillent.*

Imparfait. Vellem, *que je voulusse* ou *je voudrois.*

Parfait. Voluerim, *que j'aie voulu.*

Plus-que-parf. Voluissem, *que j'eusse voulu* ou *j'aurois voulu.*

INFINITIF.

PRÉSENT et IMPARFAIT.

Velle, *vouloir.*

PARFAIT et PLUS-QUE-PARFAIT.

Voluisse, *avoir voulu.*

PARTICIPE PRÉSENT.

Volens, *voulant*, *qui veut.*

Ainsi se conjuguent *nolo*, je ne veux pas, et *malo*, j'aime mieux.

INDICATIF. PRÉSENT.

Sing. NOLO, *je ne veux pas.*
Non vis, *tu ne veux pas.*
Non vult, *il ne veut pas.*

Plur. Nolumus, *nous ne voulons pas.*
Non vultis, *vous ne voulez pas.*
Nolunt, *ils ne veulent pas.*

IMPÉRATIF.

Sing. Noli *ou* nolito, *ne veuille pas.*
Nolito (ille), *qu'il ne veuille pas.*

Plur. Nolimus, *ne veuillons pas.*
Nolite *ou* nolitote, *ne veuillez pas.*
Nolunto, *qu'ils ne veuillent pas.*

SUBJONCTIF.

Présent. Nolim, *que je ne veuille pas.*

INFINITIF.

PRÉSENT.

Nolle, *ne vouloir pas.*

INDICATIF. PRÉSENT.

Sing. MALO, *j'aime mieux.*
Mavis, *tu aimes mieux.*
Mavult, *il aime mieux.*
Plur. Malumus, *nous aimons mieux.*
Mavultis, *vous aimez mieux.*
Malunt, *ils aiment mieux.*

SUBJONCTIF. PRÉSENT.

Malim, *que j'aime mieux.*

INFINITIF.

PRÉSENT et IMPARFAIT.

Malle, *aimer mieux.*

VERBES IRRÉGULIERS

Composés de SUM.

INDICATIF. PRÉSENT.

Sing. POSSUM, *je peux* ou *je puis.*
Potes, *tu peux.*
Potest, *il peut.*
Plur. Possumus, *nous pouvons.*
Potestis, *vous pouvez.*
Possunt, *ils peuvent.*

Imparfait. Poteram, *je pouvois.* Poteras, *etc.*
Parfait. Potui, *j'ai pu.* Potuisti, *etc.*
Plus-que-parf. Potueram, *j'avois pu*, etc.
Futur. Potero, *je pourrai.* Poteris, *etc.*
Futur passé. Potuero, *j'aurai pu*, etc.

SUBJONCTIF.

Présent.	Possim, *que je puisse.* Possis, *etc.*
Imparfait.	Possem, *que je pusse* ou *je pourrois.*
Parfait.	Potuerim, *que j'aie pu.*
Plus-que-parf.	Potuissem, *que j'eusse* ou *j'aurois pu.*

INFINITIF.

Présent et Imparfait.

Posse, *pouvoir.*

Parfait et Plus-que-parfait.

Potuisse, *avoir pu.*

PROSUM, je sers.

INDICATIF. Présent.

Sing.	Prosum, *je sers.*
	Prodes, *tu sers.*
	Prodest, *il sert.*
Plur.	Prosumus, *nous servons.*
	Prodestis, *vous servez.*
	Prosunt, *ils servent.*

Imparfait.	Proderam, *je servois*, etc.
Parfait.	Profui, *j'ai servi*, etc.
Plus-que-parf.	Profueram, *j'avois servi*, etc.
Futur.	Prodero, *je servirai*, etc.
Futur passé.	Profuero, *j'aurai servi*, etc.

IMPÉRATIF.

Sing.	Prodes *ou* prodesto, *sers.*
	Prodesto (ille), *qu'il serve.*
Plur.	Prosimus, *servons.*
	Prodeste *ou* prodestote, *servez.*
	Prosunto, *qu'ils servent.*

SUBJONCTIF.

Présent.	Prosim, *que je serve.*

Imparfait. Prodessem, *que je servisse* ou *je servirois*, etc.
Parfait. Profuerim, *que j'aie servi*, etc.
Plus-que-parf. Profuissem, *que j'eusse* ou *j'aurois servi*, etc.

INFINITIF.

Présent et Imparfait.

Prodesse, *servir*.

Parfait et Plus-que-parfait.

Profuisse, *avoir servi*.

Futur.

Profuturum esse, *devoir servir*, *qu'il servira*.

Futur passé.

Profuturum fuisse, *qu'il eût* ou *auroit servi*.

Participe futur.

Profuturus, a, um, *devant servir*.

AUTRE VERBE IRRÉGULIER.

Queo *n'a guère que le temps et les personnes qui suivent.*

INDICATIF.

Présent.

Sing. Queo, *je puis*.
Quis, *tu peux*.
Quit, *il peut*.
Plur. Quimus, *nous pouvons*.
Quitis, *vous pouvez*.
Queunt, *ils peuvent*.

Imparfait. Quibam, *je pouvois*. Quibamus.
Parfait. Quivi, *j'ai pu*.
Quivimus, *nous avons pu*.

Plus-que-parf. Quiveram, *j'avois pu.*
Futur. Quibo, *je pourrai.*
Futur passé. Quivero, *j'aurai pu.*

SUBJONCTIF. PRÉSENT.

Sing. Queam, *que je puisse.*
Queas, *que tu puisses.*
Queat, *qu'il puisse.*
Plur. Queamus, *que nous puissions.*
Queatis, *que vous puissiez.*
Queant, *qu'ils puissent.*
Imparfait. Quirem, *que je pusse* ou *je pourrois.*
Quiremus, *que nous pussions.*
Parfait. Quiverim, *que j'aie pu.*
Quiverimus, *que nous ayons pu.*
Plus-que-parf. Quivissem, *que j'eusse pu.*
Quivissemus, *que nous eussions pu.*

INFINITIF.

PRÉSENT et IMPARFAIT.

Quire, *pouvoir.*

PARFAIT et PLUS-QUE-PARFAIT.

Quivisse, *avoir pu.*

Ainsi se conjugue *nequire*, *nequeo*, ne pouvoir pas.

VERBES DÉFECTUEUX.

On appelle *défectueux* les verbes auxquels il manque plusieurs personnes ou plusieurs temps.

INDICATIF. PRÉSENT.

Sing. MEMINI, *je me souviens.*
Meministi, *tu te souviens.*
Meminit, *il se souvient.*

Plur. Meminimus, *nous nous souvenons.*
Meministis, *vous vous souvenez.*
Meminerunt *ou* meminêre, *ils se sou-* (*viennent.*

IMPARFAIT.

Memineram, *je me souvenois.*
Memineras, *tu te souvenois*, etc.

Point de Parfait ni de Plus-que-parfait.

FUTUR.

Sing. Meminero, *je me souviendrai.*
Memineris, *tu te souviendras.*
Meminerit, *il se souviendra.*
Plur. Meminerimus, *nous nous souviendrons.*
Memineritis, *vous vous souviendrez.*
Meminerint, *ils se souviendront.*

IMPÉRATIF.

Sing. Memento, *souviens-toi.*
Memento (ille), *qu'il se souvienne.*
Plur. Mementote, *souvenez-vous.*

SUBJONCTIF.

PRÉSENT.

Meminerim, *que je me souvienne.*
Memineris, *que tu te souviennes*, etc.

IMPARFAIT.

Meminissem, *que je me souvinsse* ou *je* (*me souviendrois.*
Meminisses, *que tu te souvinsses* ou *tu* (*te souviendrois*, etc.

INFINITIF.

PRÉSENT et IMPARFAIT.

Meminisse, *se souvenir.*

Ainsi se conjuguent *novi*, je connois; *cœpi*, je commence; *odi*, je hais : ce dernier fait au prétérit *osus sum* ou *fui*, j'ai haï, etc., et au plus-que-parfait *osus eram* ou *fueram*, j'avois haï, etc.; mais ils n'ont pas d'impératif.

AIO, je dis.

INDICATIF.

Présent.

S. Aio, *je dis.*
Ais, *tu dis.*
Ait, *il dit.*
P. Aiunt, *ils disent.*

Imparfait.

S. Aiebam, *je disois.*
Aiebas, *tu disois*, etc.

Parfait.

S. Aisti, *tu as dit.*
P. Aistis, *vous avez dit.*

SUBJONCTIF.

Présent.

S. Aias, *que tu dises.*
Aiat, *qu'il dise.*

Participe présent.

Aiens, aientis, *disant.*

INQUAM, dis-je.

INDICATIF.

Présent.

S. Inquam, *dis-je.*
Inquis, *dis-tu.*
Inquit, *dit-il.*
P. Inquimus, *disons-nous.*
Inquitis, *dites-vous.*
Inquiunt, *disent-ils.*

Imparfait.

Inquiebat, *disoit-il.*
Inquiebant, *disoient-ils.*

Parfait.

Inquisti, *as-tu dit.*
Inquit, *a-t-il dit.*
Inquistis, *avez-vous dit.*

Futur.

Inquies, *diras-tu.*
Inquiet, *dira-t-il.*

IMPÉRATIF.

Inque, inquito, *dis.*

SUBJONCTIF.

Inquiat, *qu'il dise.*

VERBES IMPERSONNELS.

On appelle *impersonnels* les verbes qui n'ont que la troisième personne du singulier.

OPORTET, il faut.

INDICATIF.

Présent.

Oportet, *il faut.*

Imparfait.

Oportebat, *il falloit.*

Parfait.

Oportuit, *il a fallu.*

Plus-que-parfait.

Oportuerat, *il avoit fallu.*

Futur.

Oportebit, *il faudra.*

Futur passé.

Oportuerit, *il aura fallu.*

SUBJONCTIF.

Présent.

Oporteat, *qu'il faille.*

Imparfait.

Oporteret, *qu'il fallût* ou *(il faudroit.*

Parfait.

Oportuerit, *qu'il ait fallu.*

Plus-que-parfait.

Oportuisset, *qu'il eût fallu.*

INFINITIF.

Présent.

Oportere, *falloir.*

Parfait.

Oportuisse, *avoir fallu.*

Ainsi se conjuguent *decet*, il convient; *licet*, il est permis; *libet*, il plaît; *liquet*, il est clair.

VERBE *PŒNITET.*

Ce verbe se conjugue dans tous ses temps avec les pronoms accusatifs *me*, *te*, *illum*, *illam* (ou un nom) au singulier, et *nos*, *vos*, *illos*, *illas* (ou un nom) au pluriel.

INDICATIF. Présent.

Sing.	me	Pœnitet, *je me repens.*
	te	Pœnitet, *tu te repens.*
	illum, illam	Pœnitet, *il, elle se repent.*
Plur.	nos	Pœnitet, *nous nous repentons.*
	vos	Pœnitet, *vous vous repentez.*
	illos, illas	Pœnitet, *ils, elles se repentent.*
Imparfait.	me	Pœnitebat, *je me repentois*, etc.
Parfait.	me	Pœnituit, *je me suis repenti*, etc.
Plus-que-p.	me	Pœnituerat, *je m'étois repenti.*
Futur.	me	Pœnitebit, *je me repentirai.*
Futur passé.	me	Pœnituerit, *je me serai repenti.*

SUBJONCTIF.

Présent.	me	Pœniteat, *que je me repente*, etc.
Imparfait.	me	Pœniteret, *que je me repentisse* (ou *je me repentirois.*
Parfait.	me	Pœnituerit, *que je me sois repenti.*

Plus-que-p. me Pœnituisset, *que je me fusse repenti* ou *je me serois repenti.*

INFINITIF.

PRÉSENT et IMPARFAIT.

Pœnitere, *se repentir.*

PARFAIT et PLUS-QUE-PARFAIT.

Pœnituisse, *s'être repenti.*

PARTICIPE PRÉSENT.

Pœnitens, pœnitentis, *se repentant.*

PARTICIPE FUTUR PASSIF.

Pœnitendus, pœnitenda, pœnitendum, *dont on doit se repentir.*

GÉRONDIFS.

Pœnitendi, *de se repentir*; pœnitendo, *en se repentant*; pœnitendum, *à* ou *pour se repentir.*

Ainsi se conjuguent *me pudet*, j'ai honte; *me piget*, je suis fâché; *me tædet*, je m'ennuie; *me miseret*, j'ai compassion.

VERBE *SATISFIERI.*

Ces deux verbes *satisfieri*, être satisfait; *persuasum esse*, être persuadé, se conjuguent de cette sorte.

INDICATIF.

PRÉSENT.

Sing.	mihi	SATISFIT, *je suis satisfait.*
	tibi	Satisfit, *tu es satisfait.*
	illi	Satisfit, *il est satisfait.*
Plur.	nobis	Satisfit, *nous sommes satisfaits.*
	vobis	Satisfit, *vous êtes satisfaits.*
	illis	Satisfit, *ils sont satisfaits.*

IMPARFAIT.

Sing.	mihi	Satisfiebat, *j'étois satisfait.*
	tibi	Satisfiebat, *tu étois satisfait.*
	illi	Satisfiebat, *il étoit satisfait.*

Plur.	nobis Satisfiebat,	*nous étions satisfaits.*
	vobis Satisfiebat,	*vous étiez satisfaits.*
	illis Satisfiebat,	*ils étoient satisfaits.*

PARFAIT.

Sing.	mihi Satisfactum est *ou* fuit,	*j'ai été* (ou *je fus satisfait.*
	tibi Satisfactum est *ou* fuit,	*tu as été* (ou *tu fus satisfait.*
	illi Satisfactum est *ou* fuit,	*il a été* (ou *il fut satisfait.*
Plur.	nobis Satisfactum est *ou* fuit,	*nous avons* (*été* ou *nous fûmes satisfaits.*
	vobis Satisfactum est *ou* fuit,	*vous avez* (*été* ou *vous fûtes satisfaits.*
	illis Satisfactum est *ou* fuit,	*ils ont* (*été* ou *ils furent satisfaits.*

PLUS-QUE-PARFAIT.

Sing.	mihi Satisfactum fuerat,	*j'avois été sa-* (*tisfait.*
	tibi Satisfactum fuerat,	*tu avois été* (*satisfait.*
	illi Satisfactum fuerat,	*il avoit été* (*satisfait.*
Plur.	nobis Satisfactum fuerat,	*nous avions* (*été satisfaits.*
	vobis Satisfactum fuerat,	*vous aviez été* (*satisfaits.*
	illis Satisfactum fuerat,	*ils avoient été* (*satisfaits.*

FUTUR.

Sing.	mihi Satisfiet,	*je serai satisfait.*
	tibi Satisfiet,	*tu seras satisfait.*
	illi Satisfiet,	*il sera satisfait.*
Plur.	nobis Satisfiet,	*nous serons satisfaits.*
	vobis Satisfiet,	*vous serez satisfaits.*
	illis Satisfiet,	*ils seront satisfaits.*

Sing. mihi Satisfactum fuerit, *j'aurai été satisfait.*
tibi Satisfactum fuerit, *tu auras été satisfait.*
illi Satisfactum fuerit, *il aura été satisfait.*
Plur. nobis Satisfactum fuerit, *nous aurons été satisfaits.*
vobis Satisfactum fuerit, *vous aurez été satisfaits.*
illis Satisfactum fuerit, *ils auront été satisfaits.*

IMPÉRATIF.

Point de première personne au singulier.

Sing. tibi Satisfiat, *sois satisfait.*
illi Satisfiat, *qu'il soit satisfait.*
Plur. nobis Satisfiat, *soyons satisfaits.*
vobis Satisfiat, *soyez satisfaits.*
illis Satisfiat, *qu'ils soient satisfaits.*

SUBJONCTIF. Présent.

Sing. mihi Satisfiat, *que je sois satisfait.*
tibi Satisfiat, *tu sois satisfait.*
illi Satisfiat, *il soit satisfait.*
Plur. nobis Satisfiat, *nous soyons satisfaits.*
vobis Satisfiat, *vous soyez satisfaits.*
illis Satisfiat, *ils soient satisfaits.*

Imparfait.

Sing. mihi Satisfieret, *que je fusse* ou *je serois satisfait.*
tibi Satisfieret, *tu fusses* ou *tu serois satisfait.*
illi Satisfieret, *il fût* ou *il seroit satisfait.*
Plur. nobis Satisfieret, *nous fussions* ou *nous serions satisfaits.*

vobis Satisfieret, *vous fussiez* ou *vous* (*seriez satisfaits.*
illis Satisfieret, *ils fussent* ou *ils se-* (*roient satisfaits.*

PARFAIT.

Sing. mihi Satisfactum fuerit, *que j'aie été* (*satisfait*
tibi Satisfactum fuerit, *tu aies été sa-* (*tisfait.*
illi Satisfactum fuerit, *il ait été sa-* (*tisfait.*
Plur. nobis Satisfactum fuerit, *nous ayons* (*été satisfaits*
vobis Satisfactum fuerit, *vous ayez été* (*satisfaits.*
illis Satisfactum fuerit, *ils aient été* (*satisfaits.*

PLUS-QUE-PARFAIT.

Sing. mihi Satisfactum fuisset, *que j'eusse* (ou *j'aurois été satisfait.*
tibi Satisfactum fuisset, *tu eusses* ou (*tu aurois été satisfait.*
illi Satisfactum fuisset, *il eût* ou *il* (*auroit été satisfait.*
Plur. nobis Satisfactum fuisset, *nous eussions* (ou *nous aurions été satisfaits.*
vobis Satisfactum fuisset, *vous eussiez* (ou *vous auriez été satisfaits.*
illis Satisfactum fuisset, *ils eussent* (ou *ils auroient été satisfaits.*

INFINITIF.

PRÉSENT et IMPARFAIT.

Satisfieri, *être satisfait.*

PARFAIT et PLUS-QUE-PARFAIT.

Satisfactum fuisse, *avoir été satisfait.*

FUTUR.

Satisfactum iri *ou* satisfaciendum esse, *devoir être (satisfait.*

VERBE *PERSUASUM ESSE.*

INDICATIF.

PRÉSENT.

Sing. mihi PERSUASUM est, *je suis persuadé* (ou *je suis assuré.*
tibi Persuasum est, *tu es persuadé.*
illi Persuasum est, *il est persuadé.*
Plur. nobis Persuasum est, *nous sommes per-(suadés.*
vobis Persuasum est, *vous êtes per-(suadés.*
illis Persuasum est, *ils sont persuadés.*

IMPARFAIT.

Sing. mihi Persuasum erat, *j'étois persuadé.*
tibi Persuasum erat, *tu étois persuadé.*
illi Persuasum erat. *il étoit persuadé.*
Plur. nobis Persuasum erat, *nous étions per-(suadés.*
vobis Persuasum erat, *vous étiez per-(suadés.*
illis Persuasum erat, *ils étoient per-(suadés.*

PARFAIT.

Sing. mihi Persuasum fuit, *j'ai été* ou *je fus (persuadé.*
tibi Persuasum fuit, *tu as été* ou *tu (fus persuadé.*
illi Persuasum fuit, *il a été* ou *il fut (persuadé.*

Plur. nobis Persuasum fuit, *nous avons été* ou (*nous fûmes persuadés.*
vobis Persuasum fuit, *vous avez été* ou (*vous fûtes persuadés.*
illis Persuasum fuit, *ils ont été* ou *ils* (*furent persuadés.*

PLUS-QUE-PARFAIT.

Sing. mihi Persuasum fuerat, *j'avois été per-* (*suadé.*
tibi Persuasum fuerat, *tu avois été* (*persuadé.*
illi Persuasum fuerat, *il avoit été per-* (*suadé.*

Plur. nobis Persuasum fuerat, *nous avions été* (*persuadés.*
vobis Persuasum fuerat, *vous aviez été* (*persuadés.*
illis Persuasum fuerat, *ils avoient été* (*persuadés.*

FUTUR.

Sing. mihi Persuasum erit, *je serai persuadé.*
tibi Persuasum erit, *tu seras persuadé.*
illi Persuasum erit, *il sera persuadé.*

Plur. nobis Persuasum erit, *nous serons per-* (*suadés.*
vobis Persuasum erit, *vous serez per-* (*suadés.*
illis Persuasum erit, *ils seront per-* (*suadés.*

FUTUR PASSÉ.

Sing. mihi Persuasum fuerit, *j'aurai été per-* (*suadé.*
tibi Persuasum fuerit, *tu auras été* (*persuadé.*
illi Persuasum fuerit, *il aura été per-* (*suadé.*

Plur.	nobis Persuasum fuerit,	*nous aurons été (persuadés.*
	vobis Persuasum fuerit,	*vous avez été (persuadés.*
	illis Persuasum fuerit,	*ils auront été (persuadés.*

IMPÉRATIF.

Point de première personne.

Sing.	tibi Persuasum sit,	*sois persuadé.*
	illi Persuasum sit,	*qu'il soit persuadé.*
Plur.	nobis Persuasum sit,	*soyons persuadés.*
	vobis Persuasum sit,	*soyez persuadés.*
	illis Persuasum sit,	*qu'ils soient per- (suadés.*

SUBJONCTIF.

Présent.

Sing.	mihi Persuasum sit,	*que je sois per- (suadé.*
	tibi Persuasum sit,	*tu sois persuadé.*
	illi Persuasum sit,	*il soit persuadé.*
Plur.	nobis Persuasum sit,	*nous soyons per- (suadés.*
	vobis Persuasum sit,	*vous soyez per- (suadés.*
	illis Persuasum sit,	*ils soient per- (suadés.*

Imparfait.

Sing.	mihi Persuasum esset,	*que je fusse* ou *(je serois persuadé.*
	tibi Persuasum esset,	*tu fusses* ou *tu (serois persuadé.*
	illi Persuasum esset,	*il fût* ou *il se- (roit persuadé.*
Plur.	nobis Persuasum esset,	*nous fussions* ou *(nous serions persuadés.*

vobis Persuasum esset, *vous fussiez* ou (*vous seriez persuadés.*
illis Persuasum esset, *ils fussent* ou *ils* (*seroient persuadés.*

PARFAIT.

Sing. mihi Persuasum fuerit, *que j'aie été* (*persuadé.*
tibi Persuasum fuerit, *tu aies été per-* (*suadé.*
illi Persuasum fuerit, *il ait été per-* (*suadé.*
Plur. nobis Persuasum fuerit, *nous ayons été* (*persuadés.*
vobis Persuasum fuerit, *vous ayez été* (*persuadés.*
illis Persuasum fuerit, *ils aient été* (*persuadés.*

PLUS-QUE-PARFAIT.

Sing. mihi Persuasum fuisset, *que j'eusse* ou (*j'aurois été persuadé.*
tibi Persuasum fuisset, *tu eusses* ou (*tu aurois été persuadé.*
illi Persuasum fuisset, *il eût* ou *il au-* (*roit été persuadé.*
Plur. nobis Persuasum fuisset, *nous eussions* (ou *nous aurions été persuadés.*
vobis Persuasum fuisset, *vous eussiez* ou (*vous auriez été persuadés.*
illis Persuasum fuisset, *ils eussent* ou (*ils auroient été persuadés.*

INFINITIF.

PRÉSENT et IMPARFAIT.

Persuasum esse, *être persuadé.*

PARFAIT et PLUS-QUE-PARFAIT.

Persuasum fuisse, *avoir été persuadé.*

FUTUR.

Persuasum fore, *devoir être persuadé.*

Il n'a point d'autres temps.

IMPÉRATIFS IRRÉGULIERS.

Dico, je dis, fait à l'impératif *dic*, et non pas *dice.*

Duco, je conduis. Impératif, *duc*, et non pas *duce.*

Fero, je porte. Impératif, *fer*, et non pas *fere.*

Facio, je fais. Impératif, *fac*, et non pas *face.*

Mais les composés de *facio*, font leur impératif en *e* à l'ordinaire, comme:

Perficio, j'achève. Impératif, *perfice.*

IMPERSONNEL PASSIF.

L'impersonnel passif est la troisième personne du singulier passif dans tous les temps.

INDICATIF.

PRÉSENT.

Dicitur, *on dit.*

IMPARFAIT.

Dicebatur, *on disoit.*

PARFAIT.

Dictum est *ou* fuit, *on a dit* ou *il a été dit.*

PLUS-QUE-PARFAIT.

Dictum erat *ou* fuerat, *on avait dit* ou *il avoit été dit.*

FUTUR.

Dicetur, *on dira.*

FUTUR PASSÉ.

Dictum erit *ou* fuerit, *il aura été dit.*

SUBJONCTIF. PRÉSENT.

Dicatur, *qu'on dise.*

IMPARFAIT.

Diceretur, *qu'on dît.*

PARFAIT.

Dictum sit *ou* fuerit, *qu'il ait été dit.*

PLUS-QUE-PARFAIT.

Dictum esset *ou* fuisset, *qu'il eût été dit* ou *il auroit été dit.*

On peut faire impersonnels tous les verbes actifs et neutres.

CINQUIÈME ESPÈCE DE MOTS.

Participes, Gérondifs et Supins.

I.

Les *Participes* sont des adjectifs qui viennent des verbes; ils s'accordent en genre, en nombre et en cas avec le nom auquel ils sont joints, et de plus ils gouvernent le même cas que le verbe d'où ils viennent; c'est pour cela qu'on les nomme *participes*, parce qu'ils tiennent de l'adjectif et du verbe.

L'enfant écoutant, devant écouter son maître, *puer audiens, auditurus magistrum suum.*

Un père étant aimé, devant être aimé de son fils, *pater amatus, amandus à filio suo.*

II.

Tempus legendi.

De entre un nom et un infinitif françois, veut le verbe latin au gérondif en *di. Ex.* Le temps *de* lire, *tempus legendi.*

Ambulat legendo.

En avec le participe présent veut le verbe latin au gérondif en *do. Ex.* Il se promène *en* lisant, *ambulat legendo.*

Legit ad discendum.

Pour devant un infinitif françois se rend en latin par *ad* avec le gérondif en *dum. Ex.* Il lit *pour* apprendre, *legit ad discendum.*

III.

Res jucunda auditu.

Après les adjectifs *agréable à*, *admirable à*, *facile à*, l'infinitif françois se rend en latin par le supin en *u. Ex.* Chose agréable à entendre, c'est-à-dire, à être entendue, *res jucunda auditu.*

Eo lusum.

Quand il y a en françois deux verbes de suite, et que le premier marque du mouvement, comme *aller*, *venir*, on met en latin le second au supin en *um*. *Ex.* Je vais jouer, *eo lusum.*

Les gérondifs et les supins gouvernent le même cas que les verbes d'où ils viennent : Le temps d'étudier la grammaire, *tempus studendi grammaticæ.* (Le verbe *studere* gouverne le datif.)

J'irai les secourir, *ibo adjutum eos.*

SIXIÈME ESPÈCE DE MOTS.

ADVERBE.

L'Adverbe est un mot indéclinable, qui se joint le plus souvent à un verbe, et en détermine la signification.

Il y a différentes sortes d'adverbes.

POUR MARQUER LE TEMPS.

Hodiè, *aujourd'hui.*
Cras, *demain.*
Heri, *hier.*
Pridiè, *la veille.*
Postridiè, *le lendemain.*
Perendiè, *après-demain.*

POUR INTERROGER.

Cur, quare, quamobrem, quid ità, *pourquoi?*
Quorsùm, *à quoi bon cela?*
An, anne, num, *est-ce que?*

POUR ASSURER.

Etiam, ità, *oui.*
Certè, sanè, profectò, quidem, *assurément.* (*Quidem* ne se met qu'après un mot.)
Equidem, *certes.* (Il ne s'emploie que pour *Ego quidem.*)

POUR NIER.

Non, haud, *non, ne, ne point.*
Minimè, *point du tout.*
Nequaquàm, neutiquàm, *nullement.*

POUR MARQUER LE DOUTE.

Forsan, forsitan, fortassè, *peut-être.*
Fortè, *par hasard.*

POUR MARQUER LA RESSEMBLANCE.

Ità, *ainsi.*
Quasi, *comme si.*

3

Quemadmodùm, *de même que.*

Sic, sicut, sicuti, velut, veluti, ut, uti, *comme, de même que.*

Tanqùam, *comme si, de même que si.*

POUR MARQUER L'UNION.

Simul, unà, *ensemble.*
Pariter, *pareillement.*
Conjunctìm, *conjointement.*
Universìm, *généralement.*

POUR MARQUER LA DIVISION.

Alioqui (devant une consonne), Alioquin (devant une voyelle), *autrement, si cela n'étoit pas.*

Privatìm, seorsìm, *en particulier, à part.*

POUR MONTRER.

En, ecce, *voici, voilà.*

POUR EXHORTER.

Eia, euge, *courage.*
Age, agedùm (au singulier); agite, agitedùm (au pluriel), *hé bien, ferme, courage.*

POUR MARQUER LE DÉSIR.

Utinam, *plaise à Dieu que, Dieu veuille que.*

POUR MARQUER LA MANIÈRE.

Doctè, *savamment.*
Pulchrè, *bien.*
Fortiter, *vaillamment, etc.*

Plusieurs adverbes ont un comparatif et un superlatif, comme :

Doctè,	Doctiùs,	Doctissimè,
doctement,	*plus doctement,*	*très-doctement.*
Citò,	Citiùs,	Citissimè,
vite,	*plus vite,*	*très-vite.*
Benè,	Meliùs,	Optimè,
bien,	*mieux,*	*très-bien.*
Malè,	Pejùs,	Pessimè,
mal,	*plus mal,*	*très-mal.*
Sæpè,	Sæpiùs,	Sæpissimè,
souvent,	*plus souvent,*	*très-souvent, etc.*
Propè,	Propiùs,	Proximè,
proche,	*plus proche,*	*très-proche, etc.*
Nuper, *récemment,*	*sans comparatif,*	Nuperrimè, *tout récemment.*
Sans positif.	Potiùs, *plutôt.*	Potissimè, *principalement.*

RÉGIME DE PLUSIEURS ADVERBES.

Les adverbes de quantité veulent le génitif.

Peu de vin, *parùm vini.*
Un peu de délai, *paululùm moræ.*
Beaucoup d'eau, *multùm aquæ.*

Assez de paroles, *satis verborum.*

Trop de piéges, *nimis insidiarum.*

Assez d'autres, *affatìm aliorum.*

Les adverbes de temps et de lieu veulent le génitif.

Nulle part, en aucun lieu du monde, *nusquàm gentium.*

En quel lieu du monde? *ubi terrarum, ubinàm gentium.*

Pridiè, Postridiè, veulent le génitif ou l'accusatif.

Le jour de devant les calendes, *pridiè calendarum* ou *calendas* (sous-entendu *antè*).

Le jour d'après les ides, *postridiè iduum* ou *idus* (sous-entendu *post*).

En, ecce, voici, voilà, veulent le nominatif ou l'accusatif.

Voici, voilà le loup, *en, ecce lupus* ou *lupum* ; avec le nominatif on sous-entend *adest;* avec l'accusatif on sous-entend *aspice.*

Ergò employé pour *causâ*, veut le génitif, et se met après son régime: A cause de lui, *illius ergò.*

Instar, comme, veut de même le génitif, et se met après son régime: Comme une montagne, *montis instar.*

Obviam, au-devant, veut le datif: Aller au-devant de quelqu'un, *ire obviam alicui.*

SEPTIÈME ESPÈCE DE MOTS.

PRÉPOSITION.

La *Préposition* est un mot indéclinable qui, joint à un nom ou à un pronom, veut ce nom ou pronom à l'accusatif ou à l'ablatif.

Il y a trente prépositions qui gouvernent l'accusatif.

Savoir:

Ad, *auprès, chez, pour.*

Adversùm, adversùs, *contre, vis-à-vis.*

Ante, *devant, avant.*

Apud, *auprès, chez.*

Circa, *auprès, environ.*

Circiter, *environ, à peu près.*

Circùm, *autour, à l'entour.*

Cis, citra, *deçà, en deçà.*

Contra, *contre, vis-à-vis, à l'opposite.*

Erga, *envers, à l'égard de.*

Extra, *hors, outre, excepté.*

Infra, *sous, au-dessous.*

Inter, *entre, parmi.*

Intra, *dans, au-dedans, dans l'espace de.*

Juxta, *auprès, proche.*

Ob, *pour, devant, à cause de.*

Prope, *proche, près de, auprès.*

Penes, *en la puissance de.*

Per, *par, durant, au travers de, pendant.*

Pone, *après, derrière, par derrière.*

Post, *après, depuis.*
Præter, *excepté, hormis, outre.*
Propter, *pour, à cause de.*
Secundùm, *selon, suivant, auprès de, le long de.*
Secus, *auprès, le long de.*
Supra, *sur, au-dessus de.*
Trans, *au-delà, par-delà.*
Versùs, *vers, du côté de.*
Ultra, *au-delà, par-delà.*
Usque, *jusqu'à.*

Il y a douze prépositions qui gouvernent l'ablatif.

Savoir :

A, ab, abs, *de, du, des, depuis, par.*
Absque, sine, *sans.*
Clam, *à l'insu de.*
Coram, *devant, en présence de.*
Cum, *avec.*
De, *de, sur* ou *touchant.*
E, ex, *de, par.*
Palam, *devant, en présence de.*
Præ, *devant, en comparaison de, au-dessus de.*
Pro, *pour, au lieu de, selon, devant.*
Tenùs, *jusqu'à.*

Les quatre prépositions suivantes veulent l'accusatif quand elles sont jointes à un verbe de mouvement; et elles gouvernent l'ablatif quand elles sont jointes à un verbe de repos.

In, *en, dans, sur.*
Subter, *sous, au-dessous de.*
Sub, *sous, au-dessous de.*
Super, *sur, au-dessus de.*

OBSERVATION.

Trois prépositions se mettent après leur régime, savoir :

1.° Cum, *avec*, se met après les pronoms *ego, tu, sui, nos, vos*, et *qui, quæ, quod.* Ainsi on dit : Mecum, *avec moi;* tecum, *avec vous;* secum, quocum.

2.° Tenùs, *jusqu'à*, veut l'ablatif, lorsque son régime est singulier : Capulo tenùs, *jusqu'à la garde;* mais il veut le génitif, quand son régime est pluriel : Aurium tenùs, *jusqu'aux oreilles.*

3.° Versùs, *vers :* Orientem versùs, *vers l'orient ;* on sous-entend *ad.*

HUITIÈME ESPÈCE DE MOTS.

CONJONCTION.

La *Conjonction* est un mot indéclinable, qui sert à lier les parties du discours.

Il y a différentes sortes de conjonctions.

1.° POUR JOINDRE.

Et, que, quoque, etiam, atque, ac, *et aussi*. (*Que* ne se met qu'après un mot.)
Præterea, *outre cela*.
Cùm, tùm, *non-seulement, mais encore*.

2.° POUR SÉPARER.

Aut, vel, ve, *ou bien*. (*Ve* ne se met qu'après un mot.)
Sive, *soit que*. Sicut, *comme*.
Nec, neque, *ne, ni, non plus*.

3.° POUR CONCLURE.

Ergo, igitur, *donc*.
Ideò, idcircò, itaque, *c'est pourquoi, c'est pour cela que*.

4.° POUR FAIRE DISTRIBUTION OU OPPOSITION.

Sed, sed enim, at, atque, porrò, autem, verò, *mais*. (*Autem* et *verò* ne se mettent qu'après un mot.)
Etsi, etiamsi, licet, quanquam, quamvis, tametsi, *bien que, quoique*.
Cùm, ut, *quoique, quand bien même*.
Imò, imò verò, quin, quin etiam, quin potiùs, *mais, mais au contraire, qui plus est*.

5.° POUR RENDRE RAISON.

Nam, namque, enim, etenim, *car*. (*Enim* ne se met qu'après un mot.)
Quòd, quia, propterea quòd, quoniam, *parce que, puisque*.
Cùm, *lorsque, puisque*.
Ut, *afin que*.
Ne, *de peur que ne*.
Ita ut, sic ut, *de sorte que, tellement que*.

6.° CONDITIONNELLES.

Dùm, dummodò, *pourvu que*.
Modò ne, *pourvu que ne*.
Si, si modò, *si*. Sin, *sinon*.
Sin minùs, sin aliter, *sinon, si cela n'étoit pas*.
Nisi, *sinon que, si ce n'est que, à moins que*.

7.° POUR MARQUER LE DOUTE.

An, nùm, utrùm, ne, *si*. (*Ne* se met après un mot.)

RÈGLES DES CONJONCTIONS.

Quelques conjonctions gouvernent le subjonctif; d'autres gouvernent l'indicatif : le régime de chacune est indiqué dans le Dictionnaire. *Voyez* Conjonctions françoises, *ci-après*.

NEUVIÈME ESPÈCE DE MOTS.

INTERJECTION.

L'Interjection est un mot indéclinable, qui sert à marquer les différens mouvemens de l'âme.

Pour marquer la joie.	O ! evax ! *ho! ha!*
Pour la douleur.	Hei ! heu ! *ah! hélas! oh! ah!*
Pour l'indignation.	Proh ! heu ! *ô! oh! ah!*
Pour l'admiration.	Papæ ! hui ! *ô! ha! ho, ho!*
Pour menacer.	Hei ! væ ! *malheur à!*

L'usage apprendra les autres.

FIN DE LA PREMIÈRE PARTIE.

SECONDE PARTIE.

SYNTAXE LATINE.

La syntaxe est la manière de joindre ensemble les mots d'une phrase, et les phrases entr'elles.

Il y a deux sortes de syntaxes : la syntaxe *d'accord*, par laquelle on fait accorder deux mots en genre, en nombre, etc., et la syntaxe de *régime*, par laquelle un mot régit un autre mot à tel cas, à tel mode, etc.

SYNTAXE DES NOMS.

Accord de deux noms.

Ludovicus Rex.

Règle. Quand deux ou plusieurs noms désignent une seule et même personne, une seule et même chose, ces noms se mettent au même cas.

Exemples. Louis roi, *Ludovicus rex;* de Louis roi, *Ludovici regis*, *etc.* Esope auteur, *Æsopus auctor;* à Esope auteur, *Æsopo autori;* la ville de Rome, *Urbs Roma.* Les Latins disent, *la ville Rome.*

Remarque. *De* entre deux noms n'empêche pas de mettre ces deux noms au même cas, lorsqu'on peut tourner *de* par *qui s'appelle :* La ville de Rome, *tournez*, la ville *qui s'appelle* Rome.

RÉGIME DES NOMS.

I.

Liber *Petri.*

Règle. Lorsque *de*, *du*, *des*, entre deux noms, ne peuvent pas se tourner par *qui s'appelle*, on met le second au génitif.

6

Exemples. Le livre de Pierre, *liber Petri*; la bonté de Dieu, *bonitas Dei*.

Souvent, au lieu du génitif, on se sert d'un adjectif qui a la même valeur. *Ex.* La bonté de Dieu, *tournez*, la bonté divine, *bonitas divina*; le sénat de Paris, *tournez*, le sénat parisien, *senatus parisiensis*.

Remarque. Quand le nom qui suit *de* exprime une qualité bonne ou mauvaise, on peut mettre ce nom ou à l'ablatif ou au génitif : Un enfant d'un bon naturel, *puer egregiâ indole*, ou *egregiæ indolis*; d'un mauvais naturel, *pravâ indole*, ou *pravæ indolis*.

II.

Tempus *legendi*.

De entre un nom de chose inanimée et un infinitif françois, se rend en latin par le gérondif en *di*, qui est un véritable génitif.

Exemples. Le temps de lire, *tempus legendi*; de lire l'histoire, *tempus legendi historiam*. (Les gérondifs gouvernent le même cas que les verbes d'où ils viennent.)

Remarque. Si le verbe latin gouverne l'accusatif, au lieu du gérondif en *di*, il est mieux d'employer le participe en *dus*, *da*, *dum*, que l'on met au génitif, en le faisant accorder avec le nom en genre, en nombre et en cas : ainsi au lieu de dire *tempus legendi historiam*, on dit mieux, *tempus legendæ historiæ*.

De entre un nom et un infinitif se rend quelquefois par l'infinitif latin; c'est lorsque cet infinitif peut servir de nominatif à la phrase. *Ex.* C'est un péché de mentir, *tournez*, mentir est un péché, *culpa est mentiri*.

SINTAXE DES ADJECTIFS.

Accord de l'Adjectif avec le Nom.

I.

Deus *sanctus.*

Règle. L'adjectif s'accorde en genre, en nombre et en cas avec le nom auquel il se rapporte.

Exemples. Dieu saint, *Deus sanctus;* du Dieu saint, *Dei sancti;* vierge sainte, *virgo sancta;* de la vierge sainte, *virginis sanctæ;* temple saint, *templum sanctum;* du temple saint, *templi sancti.*

II.

Pater et filius *boni*, mater et filia *bonæ.*

Quand un adjectif se rapporte à deux noms, on met cet adjectif au pluriel, parce que deux singuliers valent un pluriel.

Exemple. Le père et le fils bons, *pater et filius boni;* la mère et la fille bonnes, *mater et filia bonæ.*

III.

Pater et mater *boni.*

Quand un adjectif se rapporte à deux noms de différens genres, l'adjectif prend le plus noble des deux genres. (Le masculin est plus noble que les deux autres, le féminin est plus noble que le neutre.)

Exemple. Le père et la mère bons, *pater et mater boni.*

IV.

Virtus et vitium *contraria.*

Quand les deux noms sont de choses inanimées, c'est-à-dire sans vie, l'adjectif qui s'y rapporte se met au pluriel neutre. (*Il n'y a d'animés que les hommes et les bêtes.*)

Exemple. La vertu et le vice contraires, *virtus et vitium contraria.* *

V.

Turpe est *mentiri.*

L'adjectif qui ne se rapporte à aucun nom précédent, se met au neutre.

Exemples. Il est honteux de mentir, *turpe est mentiri.* ** — Il est honteux d'être paresseux, *turpe est esse pigrum.*

DEUS EST SANCTUS.

CREDO DEUM ESSE SANCTUM.

L'adjectif qui suit immédiatement le verbe *sum* se met au même cas que le nom ou pronom qui précède le verbe, et auquel il se rapporte.

Exemples. Dieu est saint, *Deus est sanctus.* — Je crois que Dieu est saint, *credo Deum esse sanctum.* (En latin on dit : *je crois Dieu être saint.*) — Il ne m'est pas permis d'être paresseux, *mihi non licet esse pigro.*

Si cependant le nom qui précède étoit au génitif, il faudroit mettre l'adjectif à l'accusatif. *Ex.* Il importe à un jeune homme d'être laborieux, *refert adolescentis esse impigrum.*

Remarque. On observe la même règle après tout autre verbe, quand l'adjectif le suit immédiatement. *Ex.* Le geai revint tout chagrin, *graculus*

---

* Lorsque deux adjectifs sont joints ensemble, le premier se change en adverbe. *Ex.* Les vrais sages, *verè sapientes*, c'est-à-dire, les hommes vraiment sages.

** L'infinitif *mentiri* est un véritable nom avec lequel s'accorde l'adjectif *turpe* : le mentir est honteux.

rediit mærens; Aristide mourut pauvre, *Aristides mortuus est pauper;* je m'appelle lion, *ego nominor leo.*

RÉGIME DES ADJECTIFS.

I.

Adjectifs qui gouvernent le Génitif.

Avidus *laudum.*

Règle. Les adjectifs *avidus*, avide; *cupidus*, qui désire; *studiosus*, qui a du goût pour; *peritus*, habile dans; *expers*, qui manque; *patiens*, qui souffre; *rudis*, qui ne sait pas; *memor*, qui se souvient; *immemor*, qui ne se souvient pas; *plenus*, plein, etc. gouvernent le génitif.

Exemples. Avide de louanges, *avidus laudum;* habile dans la musique, *peritus musicæ;* plein de vin, *plenus vini.* (On trouve quelquefois *plenus* avec un ablatif: *plenus vino.*)

Cupidus *videndi.*

Quand les adjectifs *avide*, etc., sont suivis d'un infinitif françois, on met en latin cet infinitif au gérondif en *di.*

Exemple. Curieux de voir, *cupidus videndi;* de voir la ville, *videndi urbem*, et mieux *videndæ urbis*, comme nous avons dit plus haut.

II.

Adjectifs qui gouvernent le Génitif ou *le Datif.*

Similis *patris* ou *patri.*

Similis, semblable; *par*, *æqualis*, egal; *affinis*, allié, gouvernent le génitif ou le datif.

Exemples. Semblable à son père, *similis patris* ou *patri;* allié au roi, *affinis regis* ou *regi.*

III.

Adjectifs qui gouvernent le Datif seulement.

Mihi utile *est.*

Utilis, utile à; *commodus*, avantageux à; *infensus*, *iratus*, irrité contre; *assuetus*, accoutumé à; *aptus*, *idoneus*, propre à, gouvernent le datif.

Exemples. Cela m'est utile, *id mihi utile est;* corps accoutumé au travail, *corpus assuetum labori.*

Quand ces adjectifs sont suivis d'un infinitif françois, on met en latin cet infinitif au gérondif en *do.* (Le gérondif en *do* est ici un véritable datif.)

Exemple. Corps accoutumé à supporter le travail, *corpus assuetum tolerando laborem*, ou mieux, *tolerando labori*, en se servant du participe en *dus dà*, *dum*, et le faisant accorder avec le nom.

Remarque. Après *aptus*, *idoneus* et *natus*, on peut mettre l'accusatif avec *ad. Ex.* Propre à la guerre, *aptus ad militiam;* né pour les armes, *natus ad arma.*

IV.

Adjectifs qui gouvernent l'Accusatif avec ad.

Propensus *ad lenitatem.*

Propensus, *pronus*, *proclivis*, porté à... et tous les adjectifs qui marquent un penchant, une inclination à quelque chose, gouvernent l'accusatif avec *ad.*

Exemple. Porté à la douceur, *propensus ad lenitatem.*

Quand ces adjectifs sont suivis d'un infinitif en françois, on met en latin cet infinitif au gérondif en *dum.* (Le gérondif en *dum* est un véritable accusatif.)

EXEMPLES. Prompt à se mettre en colère, *pronus ad irascendum*; à venger une injure, *ad ulciscendum injuriam*, et mieux *ad ulciscendam injuriam.*

V.

Adjectifs qui gouvernent l'Accusatif sans préposition.

Populabundus *agros.*

Les adjectifs en *bundus* gouvernent l'accusatif, quand ils viennent d'un verbe qui régit ce cas.

EXEMPLE. Ravageant les campagnes, *populabundus agros.*

VI.

Adjectifs qui gouvernent l'Ablatif.

Præditus *virtute.*

Præditus, doué de; *dignus*, digne de; *indignus*, indigne de; *contentus*, content de, etc., gouvernent l'ablatif.

EXEMPLES. Jeune homme doué de vertu, *adolescens virtute præditus*; digne de louange, *dignus laude*; content de son sort, *contentus suâ sorte.*

REMARQUE. On trouve quelquefois *dignus* avec le génitif.

VII.

Mirabile *visu.*

Après les adjectifs *admirable à*, *facile à*, *difficile à*, etc., l'infinitif françois se rend en latin par le supin en *u*.

EXEMPLES. Chose admirable à voir (*tournez*, à être vue), *res visu mirabilis.* (Quand on n'exprime pas le mot chose, l'adjectif latin se met au neutre, *mirabile visu.*) — Chose facile à dire, *res dictu facilis*; à trouver, *inventu.*

REMARQUE. Si le verbe latin n'a point de supin, tournez la phrase de cette manière : Ma leçon est difficile à étudier; *dites* : il est difficile d'étudier ma leçon, *difficile est studere lectioni meæ.*

SYNTAXE

DES COMPARATIFS ET SUPERLATIFS.

I.

Doctior *Petro.*

Après le comparatif exprimé par un seul mot latin, on met le nom à l'ablatif en supprimant le *que.*

EXEMPLES. Plus savant que Pierre, *doctior Petro.* — La vertu est plus précieuse que l'or, *virtus est pretiosior auro.* (On sous-entend *præ*, en comparaison de.)

REMARQUE. On peut, après le comparatif, exprimer *que* par *quàm*, et mettre après même cas que devant.

EXEMPLES. Paul est plus savant que Pierre, *Paulus est doctior quàm Petrus.* — Je ne connois personne plus savant que Paul, *neminem novi doctiorem quàm Paulum.*

II.

Felicior *quàm prudentior.*
Feliciùs *quàm prudentiùs.*

Quand après un comparatif le *que* est suivi d'un adjectif ou d'un adverbe, cet adjectif ou cet adverbe se met encore au comparatif et au même cas que le premier.

EXEMPLES. Il est plus heureux que prudent, *felicior est quàm prudentior.* — Ils envoyèrent un général plus hardi qu'habile, *miserunt ducem audaciorem quàm peritiorem.*

III.

Magis pius *quàm tu.*

Quand l'adjectif latin n'a point de comparatif, on exprime *plus* par *magis*, et alors le *que* s'exprime toujours par *quàm* avec même cas après que devant.

Exemple. Il est plus pieux que vous, *magis pius est quàm tu.*

Remarque. Presque tous les adjectifs qui finissent par *eus*, *ius*, *uus*, n'ont ni comparatif, ni superlatif en latin.

IV.

Majori virtute *prœditus.*

Quand l'adjectif françois se rend en latin par deux mots (un adjectif et un nom), l'on exprime *plus* par *major*, *majus*; *moins* par *minor*, *minus*, que l'on fait accorder avec le nom.

Exemples. Plus vertueux, *majori virtute prœditus*, et non pas *magis virtute prœditus;* moins vertueux, *minori virtute prœditus.*

V.

Doctior est *quàm putas.*

Si le *que* après le comparatif est suivi d'un verbe, on exprime toujours *que*, et l'on met en latin le même temps que dans le françois.

Exemples. Il est plus savant que vous ne pensez, *doctior est quàm putas.* (*Ne* qui suit le comparatif françois, ne s'exprime point en latin.) — Rien n'est plus honteux que de mentir, *nihil turpius est quàm mentiri.*

SUPERLATIF.

I.

Altissima arborum, ou *ex arboribus*, ou *inter arbores.*

Règle. Le superlatif veut le nom pluriel qui suit, au génitif, ou à l'ablatif avec *ex*, ou à l'accusatif avec *inter*.

Exemple. Le plus haut des arbres, *altissima arborum*, ou *ex arboribus*, ou *inter arbores.*

Remarque. Le superlatif prend le même genre que le nom pluriel qui le suit : *Altissima* est du féminin parce que son régime *arborum* est du féminin.

Mais si le régime du superlatif étoit un nom *singulier*, le superlatif ne s'accorderoit pas en genre avec ce nom, et alors il ne gouverne que le génitif.

Exemple. Le plus riche de la ville; *ditissimus urbis.* (On sous-entend *homo*, c'est-à-dire, l'homme le plus riche de la ville.)

II.

Validior *manuum.*

Quand on ne parle que de deux choses, au lieu du superlatif qui est dans le françois, on met le comparatif en latin.

Exemple. La plus forte des deux mains, *validior manuum.*

III.

Maximè omnium *conspicuus.*

Quand l'adjectif latin n'a point de superlatif, on se sert de *maximè* avec le positif.

Exemple. Le plus remarquable de tous, *maximè omnium conspicuus.*

Remarque. Les noms que l'on appelle *partitifs*, c'est-à-dire, qui marquent la partie d'un plus grand nombre, comme *unus*, *quis*, *aliquis*, *nemo*, etc., gouvernent le même cas que le superlatif.

Exemples. Un des soldats, *unus militum*, ou *ex militibus*, ou *inter milites*. — Qui de nous, *quis nostrûm*, et non pas *nostrî*; qui de vous, *quis vestrûm*. (On ne se sert de *nostrî*, *vestrî*, qu'après un verbe ou un nom qui n'est point partitif.) *

SYNTAXE DES VERBES.

Accord du Verbe avec le Nominatif ou *Sujet.*

I.

Ego *audio*.

Règle. Tout verbe quand il n'est pas à l'infinitif, s'accorde avec son nominatif en nombre et en personne.

Exemples. J'écoute, *ego audio*; vous enseignez, *tu doces*; il lit, *ille legit*.

Remarque. On sous-entend ordinairement le pronom nominatif; ainsi l'on dit simplement *audio*, *doces*, *legit*; il faut cependant l'exprimer, quand il y a deux verbes dont le sens est opposé, *ou* quand la phrase contient quelque chose de vif.

Exemples. Vous riez et je pleure, *tu rides*, *ego fleo*. — Vous osez parler ainsi? *tu loqui sic audes?*

II.

Petrus et Paulus *ludunt*.

Règle. Quand un verbe a deux nominatifs sin-

---

* Quand le superlatif pluriel n'est pas suivi d'un génitif, il faut ajouter *quisque* au superlatif latin : les plus honnêtes gens le favorisent, *optimus quisque illi favet*.

guliers, on met ce verbe au pluriel, parce que deux singuliers valent un pluriel.

EXEMPLE. Pierre et Paul jouent, *Petrus et Paulus ludunt.*

III.

Ego et tu *valemus.*

RÈGLE. Si les nominatifs d'un même verbe sont de différentes personnes, le verbe prend la plus noble des deux personnes; la première est plus noble que les deux autres, la seconde est plus noble que la troisième.

EXEMPLES. Vous et moi nous nous portons très-bien, *ego et tu valemus optimè.* — Vous et votre frère vous causez, *tu fraterque garritis.*

REMARQUE. En françois la première personne se nomme après les autres, c'est le contraire en latin.

IV.

Turba *ruit* ou *ruunt.*

RÈGLE. Quand le nominatif est un nom *collectif*, le verbe peut se mettre au pluriel. (On appelle *collectif* un nom qui, quoiqu'au singulier, signifie plusieurs personnes ou plusieurs choses.) *Ex.* La foule se précipite, *turba ruit* ou *ruunt.*

RÉGIME DES VERBES.

Verbes qui gouvernent l'Accusatif.

I.

Amo *Deum.*

RÈGLE. Tout verbe actif gouverne l'accusatif.

EXEMPLES. J'aime Dieu, *amo Deum;* vous instruisez les enfans, *doces pueros;* il écoute le maître, *audit magistrum.*

II.

Imitor *Patrem.*

Plusieurs verbes déponens ont la force des verbes actifs, et gouvernent l'accusatif.

Exemples. J'imite mon père, *imitor patrem meum;* nous admirons la vertu, *miramur virtutem.*

Musica *me juvat*, ou *delectat.*

Les verbes *juvat*, *delectat*, il fait plaisir; *manet*, il est réservé; *decet*, il convient, et *fugit*, *fallit*, *præterit*, employés pour exprimer le verbe françois *ignorer*, veulent au nominatif le nom de la chose qui fait plaisir, qui convient, etc. et le nom de la personne à l'accusatif.

Exemples. La musique me fait plaisir, *mot à mot*, me réjouit, *musica me juvat*, ou *delectat.* — Une gloire éternelle nous est réservée, *mot-à-mot*, nous attend, *gloria æterna nos manet.*

Quand *attendre* a pour nominatif un nom de chose, on l'exprime par *manere;* quand c'est un nom de personne, par *exspectare.*

Nous ignorons bien des choses, *mot à mot*, bien des choses nous échappent, nous trompent, nous passent, *multa nos fugiunt*, *fallunt*, *prætereunt.*

Vous savez cela, *ou* vous n'ignorez pas cela, *id te non fugit*, *fallit*, *præterit.*

Verbes qui gouvernent le Datif.

I.

Studeo *grammaticæ.*

Règle. La plupart des verbes neutres gouvernent le datif.

Exemples. J'étudie la grammaire, *studeo grammaticæ.* — Nous favorisons la noblesse, *favemus no-*

bilitati. — Il a contenté le maître, *satisfecit præceptori.*

II.

Defuit *officio.*

Les composés du verbe *sum* gouvernent le datif, excepté *absum*, qui veut l'ablatif avec *à* ou *ab.*

Exemples. Il a manqué à son devoir, *defuit officio.* — Il étoit présent à ce spectacle, *aderat huic spectaculo.*

III.

Les trois verbes *imminere*, *impendere*, *instare*, gouvernent le datif.

Exemple. Un grand malheur vous menace, *magna calamitas tibi imminet*, *impendet*, *instat.*

Remarque. Quand le verbe *menacer* a pour nominatif un nom de chose inanimée, c'est-à-dire, sans vie, on l'exprime par *imminere*, *impendere*, *instare.*

IV.

Id mihi *accidit*, *evenit*, *contingit.*

Les verbes *accidit*, *evenit*, *contingit*, il arrive; *conducit*, *expedit*, il est avantageux; *placet*, il plaît, etc., veulent le nom de la personne au datif.

Exemples. Cela m'est arrivé, *id mihi accidit;* cela vous est avantageux, *hoc tibi expedit.*

V.

Homo irascitur *mihi.*

Les vesbes déponens *irasci*, se mettre en colère; *blandiri*, flatter; *opitulari*, secourir; *minari*, menacer, etc. gouvernent le datif.

Exemples. Cet homme se fâche contre moi, *homo irascitur mihi;* il me menace, *minatur mihi.*

Remarque.

REMARQUE. Le verbe *menacer* s'exprime par *minari*, quand il a pour nominatif un nom de personne.

VI.

Est *mihi* liber.

Quand on se sert du verbe *sum* pour signifier *avoir*, on met le nom de la personne au datif.

EXEMPLE. J'ai un livre, *tournez*, un livre est à moi, *liber est mihi*.

VII.

Hoc erit *tibi dolori*.

Quand on se sert du verbe *sum* pour signifier *causer*, *apporter*, *procurer*, il gouverne deux datifs.

EXEMPLE. Cela vous causera de la douleur, *tournez*, cela sera à douleur à vous, *hoc erit tibi dolori*.

Les verbes *do*, *verto*, *tribuo*, suivent la même règle.

EXEMPLES. Il m'a fait un crime de ma bonne foi, *crimini dedit mihi meam fidem*. — Blâmer quelqu'un de quelque chose, *vitio vertere aliquid alicui*; c'est-à-dire, tourner à défaut à quelqu'un.

Verbes qui gouvernent l'Ablatif.

I.

Abundat *divitiis*, *nullâ re* caret.

RÈGLE. Les verbes neutres qui signifient *abondance* ou *disette*, gouvernent ordinairement l'ablatif.

EXEMPLES. Il regorge de biens, *abundat divitiis*. — Il ne manque de rien, *nullâ re caret*.

Le verbe *gaudere*, se réjouir, gouverne aussi l'ablatif: se réjouir du bonheur d'autrui, *gaudere felicitate alienâ*.

II.

Fruor *otio*.

Les sept verbes déponens qui suivent, et leurs composés, gouvernent l'ablatif: *fruor otio*, je jouis du repos; *fungor officio*, je m'acquitte du devoir; *potior urbe*, je suis maître de la ville; *vescor pane*, je me nourris de pain; *utor libris*, je me sers de livres; *gloriari alienis bonis*, se glorifier des avantages d'autrui; *lætor hâc re*, je me réjouis de cette chose.

Verbes qui gouvernent le Génitif.

Le verbe *misereri*, avoir pitié, gouverne le génitif.

Exemple. Ayez pitié des pauvres, *miserere pauperum*.

Oblivisci, oublier; *recordari*, *meminisse*, se souvenir, gouvernent le génitif ou l'accusatif.

Exemple. Je me souviens des vivans, et je ne puis oublier les morts, *vivorum memini*, *nec possum oblivisci mortuorum*.

RÉGIME INDIRECT DES VERBES.

Il y a des verbes qui, outre l'accusatif, que l'on appelle *régime direct*, gouvernent un autre nom que l'on appelle leur *régime indirect*: ce régime indirect des verbes est marqué en françois par *à*, *au*, *aux*, ou par *de*, *du*, *des*.

I.

Do vestem *pauperi*.

Règle. Les verbes qui signifient *donner*, *dire*, *promettre*, etc., veulent au datif leur régime indirect marqué par *à*.

Exemples. Je donne un habit au pauvre, *do vestem pauperi*. — Dieu promet une vie éternelle au juste, *Deus vitam æternam justo promittit*.

Minari mortem *alicui*. (Même règle.)

Les verbes déponens *minari*, menacer ; *gratulari*, féliciter, veulent le nom de la chose à l'accusatif, et le nom de la personne au datif.

Exemples. Menacer quelqu'un de la mort; *tournez*, menacer la mort à quelqu'un, *minari mortem alicui*. — Féliciter quelqu'un d'une victoire; *tournez*, complimenter la victoire à quelqu'un, *gratulari victoriam alicui*.

II.

Hæc via ducit *ad virtutem*.

Quand le verbe signifie quelque mouvement, comme *conduire à*....... ou une inclination vers quelque chose, comme *exhorter à*, *exciter à*, etc., le régime indirect se met à l'accusatif avec *ad*.

Exemples. Ce chemin conduit à la vertu, *hæc via ducit ad virtutem*. — Je vous exhorte au travail, *te hortor ad laborem*.

III.

Doceo *pueros grammaticam*.

Les verbes *docere*, instruire ; *rogare*, prier ; *celare*, cacher, veulent deux accusatifs, le nom de la personne et celui de la chose.

Exemple. J'enseigne la grammaire aux enfans; *tournez*, j'instruis les enfans sur la grammaire, *doceo pueros grammaticam*.

Remarque. *Grammaticam* est à l'accusatif à cause d'une préposition sous-entendue. (*Ad* ou *secundùm*.)

IV.

Scribo *ad te*, ou *tibi epistolam*.

Les trois verbes *scribo*, j'écris ; *mitto*, j'envoie ; *fero*, je porte, veulent leur régime indirect à l'accusatif avec *ad*, ou au datif.

Exemple. Je vous écris une lettre, *scribo ad te*, ou *tibi epistolam.*

V.

Accepi litteras *à patre meo.*

Les verbes *demander*, *recevoir*, *emprunter*, *acheter*, *espérer*, *attendre*, *obtenir*, etc., veulent leur régime indirect à l'ablatif, avec *à* ou *ab.*

Exemples. J'ai reçu une lettre de mon père, *accepi litteras à patre meo.* — Il a demandé une grâce au roi, *petivit beneficium à rege.*

Si le régime indirect du verbe *recevoir* est une chose inanimée, on le met à l'ablatif avec *è* ou *ex* : on fait de même après les verbes *allumer à*, *prendre à*, *juger à*, *puiser à*, etc.

Exemples. J'ai reçu une grande joie de votre lettre, *accepi magnam voluptatem ex tuis litteris.* — Puiser de l'eau à une fontaine, *haurire aquam ex fonte.*

VI.

Id audivi *ex amico* ou *ab amico meo.*

Les verbes *audire*, apprendre; *quærere*, s'informer, veulent leur régime indirect à l'ablatif avec *à* ou *ab*, *è* ou *ex*; mais après *cognoscere*, apprendre, c'est toujours *è*, *ex.*

Exemples. J'ai appris cela de mon ami, *id audivi ex*, ou *ab amico meo.* — J'ai connu par votre lettre, *ex litteris tuis cognovi.*

VII.

Christus redemit hominem *à morte.*

Les verbes *délivrer*, *racheter*, *éloigner*, *arracher*, *ôter*, *séparer*, *détourner*, etc., veulent leur régime indirect à l'ablatif avec *ab* ou *ex*, et quelquefois sans préposition.

Exemples. Jésus-Christ a racheté l'homme de la mort, *Christus redemit hominem à morte.* — Délivrer quelqu'un de la servitude, *eximere aliquem à*, ou *ex servitute*, ou *servitute* sans préposition.

VIII.

Implere dolium *vino.*

Les verbes d'*abondance*, de *disette*, et de *privation*, veulent leur régime indirect à l'ablatif sans préposition.

Exemples. Emplir un tonneau de vin, *implere dolium vino.* — Combler quelqu'un de bienfaits, *cumulare aliquem beneficiis.* — Priver quelqu'un de secours, *nudare aliquem præsidio.*

IX.

Admonui eum *periculi*, ou *de periculo.*

Les verbes *avertir*, *informer*, veulent leur régime indirect marqué par *de*, au génitif, *ou* à l'ablatif avec *de*.

Exemples. Je l'ai averti du danger, *admonui eum periculi*, ou *de periculo.* — Plût à Dieu que j'eusse été informé de votre dessein! *utinam factus essem tui consilii certior!*

Remarque. Avec *moneo*, l'on met bien les accusatifs neutres *hoc*, *id*, *illud*, *unum* : je les avertis de cela, *hoc eos moneo* ; d'une chose, *unum.*

X.

Insimulare aliquem *furti* ou *furto.*

Les verbes *accuser*, *condamner*, *absoudre*, *convaincre*, veulent leur régime indirect au génitif ou à l'ablatif; mais mieux au génitif.

Exemples. Accuser quelqu'un de larcin, *insimulare aliquem furti* ou *furto.* — Absoudre quelqu'un d'un crime, *absolvere aliquem criminis* ou *crimine.*

I.re Remarque. Avec le verbe *condamner*, le nom de la peine particulière et déterminée se met à l'accusatif avec *ad*.

Exemples. Condamner quelqu'un aux galères, *damnare aliquem ad triremes;* à tourner la meule, *ad molam.*

II.e Remarque. Les verbes *accuser*, *condamner*, suivis d'un infinitif, s'expriment, *accuser* par *arguere*, et *condamner* par *jubere*, avec l'infinitif latin.

Exemples. Il est accusé d'avoir trahi la république, *arguitur prodidisse rempublicam* ; il fut condamné à sortir de la ville, *tournez*, il reçut ordre de sortir de la ville, *jussus est ab urbe discedere.*

Deus *amat* virum bonum, *illique favet.*

Quand deux verbes n'ont qu'un régime en françois, et que les verbes latins gouvernent différens cas, on met le nom au cas du premier verbe et l'on se sert d'un des pronoms, *is*, *ille*, *ipse*, que l'on met au cas du second.

Exemple. Dieu aime et favorise l'homme de bien, *dites*, Dieu aime l'homme de bien, et le favorise, *Deus amat virum bonum*, *illique favet.*

RÉGIME DES VERBES PASSIFS.

I.

Amor *à Deo.*

Règle. Le régime du verbe passif se met à l'ablatif avec *à* ou *ab*, quand c'est un nom de chose animée.

Exemple. Je suis aimé de Dieu, *amor à Deo.*

II.

Mœrore conficior.

Quand le régime du verbe passif est un nom de chose inanimée, on met l'ablatif sans préposition.

Exemple. Je suis accablé de chagrin, *mœrore conficior.*

Remarque. Avec *probor*, *improbor*, *videor*, et les participes en *dus*, *da*, *dum*, l'on met mieux le nom au datif qu'à l'ablatif.

Exemples. Ce sentiment n'est approuvé ni de lui, ni de nous, *hæc sententia neque nobis, neque illi probatur.* — Je dois pratiquer la vertu, *mihi colenda est virtus.*

RÉGIME DES VERBES

PERTINET, ATTINET, SPECTAT.

Hoc *ad me* pertinet.

Les trois verbes *pertinere*, appartenir; *attinere*, *spectare*, regarder, avoir rapport à, veulent le nom de la personne à l'accusatif avec *ad.*

Exemples. Cela me regarde ou m'appartient, *hoc ad me pertinet* ou *spectat;* pour ce qui me regarde, *quod ad me attinet.*

RÉGIME DES VERBES IMPERSONNELS

PŒNITET, PUDET, PIGET, etc.

I.

Me pœnitet *culpæ meæ.*

Les cinq verbes *pœnitet*, *pudet*, *piget*, *tædet*, *miseret*, veulent à l'accusatif le nom ou pronom

4

qui précède le verbe françois, et au génitif le nom qui le suit.

Exemples. Je me repens de ma faute, *me pœnitet culpæ meæ.* — Le roi a pitié de cet homme, *regem miseret hujus hominis.*

II.

Incipit *me* pœnitere *culpæ meæ.*

Tous les verbes, excepté *volo*, *nolo*, *malo*, *audeo*, *cupio*, deviennent impersonnels devant *pœnitet*, *pudet*, etc., c'est-à-dire, qu'on les met à la troisième personne du singulier, et le nom qui les précède se met à l'accusatif.

Exemples. Je commence à me repentir de ma faute, *incipit me pœnitere culpæ meæ.* — Vous devez avoir honte de votre paresse, *debet te pudere tuæ negligentiæ.*

Régime *des verbes* Refert, Interest, *il importe à*, *il est important à*, *il est de l'intérêt de.*

I.

Refert, interest *Regis.*

Les verbes *refert*, *interest*, veulent au génitif le nom qui suit le verbe françois *il importe.*

Exemple. Il importe au roi, *refert* ou *interest regis.*

Remarque. L'on sous-entend *re* ou *causâ* devant ce génitif. *Interest* (causâ) *regis*, il importe pour le roi.

II.

Refert, interest *meâ*, *tuâ*, *nostrâ*, *vestrâ*, *suâ.*

Avec *refert*, *interest*, ces pronoms, *me*, *te*, *nous*, *vous*, *lui*, *leur*, s'expriment par *meâ*, *tuâ*, *nostrâ*, *vestrâ*, *suâ*; on sous-entend *causâ.*

Exemples. Il m'importe, *refert*, *interest meâ*; il vous importe, *tuâ*; il nous importe, *nostrâ*.

Le maître croit qu'il lui importe, *en latin on dit*: le maître croit importer à soi, *magister credit suâ referre*. (On ne met *suâ* que quand *lui* se rapporte au nominatif de la phrase, autrement ce seroit *ejus*.)

III.

Si après *il importe*, ces pronoms *à moi*, *à toi*, etc., sont suivis d'un adjectif ou d'un nom, l'on met au génitif cet adjectif ou ce nom.

Exemples. Il importe à vous seul, *interest tuâ unius*. — Il importe à moi César, *refert meâ Cæsaris*.

IV.

Ces phrases, il nous importe *à tous deux*, il vous importe, il leur importe *à tous deux*, se tournent ainsi :

Il importe *à l'un et à l'autre* de nous, de vous, d'eux, *ustriusque nostrûm*, *vestrûm*, *illorum interest*.

V.

Lorsque les verbes *refert*, *interest*, ont pour régime un nom de chose inanimée, on met ce nom à l'accusatif avec *ad*.

Exemple. Il importe à notre honneur, *ad honorem nostrum interest*.

Régime *du verbe impersonnel* Est, *il appartient à*.

I.

Est *regis*.

Le verbe impersonnel *est* veut au génitif le nom qui suit le verbe françois.

Exemple. Il est d'un roi, il appartient à un roi de défendre ses sujets, *est regis tueri subditos.*

Remarque. On sous-entend *negotium* devant ce génitif; c'est comme s'il y avoit *est negotium regis*, c'est l'affaire d'un roi.

II.

Est meum, tuum, nostrum, vestrum, suum.

Quand on se sert du verbe *est* pour exprimer *il appartient à*, *c'est à*, ces pronoms *à moi*, *à toi*, *à nous*, *à vous*, *à lui*, *à eux*, se rendent en latin par *meum*, *tuum*, *nostrum*, *vestrum*, *suum.*

Exemples. C'est à moi de parler *ou* il m'appartient de parler, *meum est loqui* (sous-entendu *negotium*). — Le maître croit que c'est à lui de.... ou qu'il lui appartient de.... *tournez*, le maître croit être son affaire, *magister credit suum esse.* (On ne met *suum* que quand *lui* se rapporte au nominatif de la phrase, autrement ce seroit *ejus.*)

III.

Mais si ces pronoms *à moi*, *à toi*, etc., peuvent se tourner par *mien*, *tien*, *nôtre*, *vôtre*, on les exprime par *meus*, *tuus*, *noster*, *vester*, que l'on fait accorder avec le nom.

Exemple. Ce livre est à moi, *tournez*, ce livre est le mien, *hic liber est meus.*

Régime *de l'impersonnel* opus est, *il est besoin.*

Mihi opus est *amico.*

Règle. Quand on exprime *avoir besoin* par l'impersonnel *opus est*, on met en latin au datif le nom ou pronom qui précède le verbe françois, et à l'ablatif le nom qui le suit.

Exemple. J'ai besoin d'un ami, *tournez*, besoin est à moi, *mihi opus est amico.*

Régime *du verbe* interdico.

Le verbe *interdico* veut le nom de la personne au datif, et le nom de la chose à l'ablatif.

Exemple. Je vous interdis ma maison, *interdico tibi domo meâ.*

Régime *d'un Verbe sur un autre Verbe.*

I.

Amat *ludere.*

Règle. Quand deux verbes sont de suite, et que le premier ne marque point de mouvement, on met le second à l'infinitif.

Exemples. Il aime à jouer, *amat ludere.* — Il cessa de parler, *desiit loqui.*

II.

Eo *lusum.*

Si le premier verbe signifie mouvement pour aller ou venir en quelque lieu, on met le second au supin en *um.*

Exemples. Je vais jouer, *eo lusum.* — Je viens jouer, *venio lusum.*

Remarque. Quand le second verbe n'a point de supin, il faut le tourner par *pour*, et l'exprimer par *ad* avec le gérondif en *dum*; ou par *afin que*, et l'exprimer par *ut* avec le subjonctif.

Exemple. Je viens étudier, *tournez*, pour étudier, *venio ad studendum*; ou afin que j'étudie, *venio ut studeam.* (Le verbe *studeo* n'a point de supin.)

III.

Redeo *ab ambulando.*

Lorsque deux verbes sont de suite, et que le premier signifie mouvement pour venir de quelque lieu, on met le second au gérondif en *do*, avec *à* ou *ab.*

Exemple. Je reviens de me promener, *redeo ab ambulando.*

Remarque. Si le second verbe a un régime, et qu'il gouverne l'accusatif, il est mieux de se servir du participe en *dus*, *da*, *dum*, et alors on met le participe et le régime à l'ablatif avec *à* ou *ab*, en les faisant accorder.

Exemple. Je revenois de visiter mes terres, *redibam ab agris invisendis.*

IV.

Te hortor *ad legendum.*

Règle. Après les verbes qui signifient mouvement vers quelque lieu, ou inclination vers quelque chose, comme *pousser à*, *exhorter à*, etc., on exprime *à* par *ad*, et l'on met le verbe au gérondif en *dum.*

Exemples. Je vous exhorte à lire, *te hortor ad legendum*; à lire l'histoire, *ad legendum historiam.*

Remarque. Si le second verbe a un régime, et qu'il gouverne l'accusatif, il est mieux de se servir du participe en *dus*, *da*, *dum*, que l'on met à l'accusatif avec *ad*, en le faisant accorder avec son régime.

Exemple. Je vous exhorte à lire l'histoire, *te hortor ad legendam historiam.*

V.

Consumit tempus *legendo.*

Quand *à* devant un infinitif françois peut se tourner par *en* et le participe présent, on met cet infinitif au gérondif en *do* avec ou sans la préposition *in.*

Exemples. Il passe son temps à lire, *tournez*, en lisant, *consumit tempus legendo*; à lire l'histoire, *legendo historiam*, et mieux *in legendâ historiâ.*

VI.

Dedit mihi libros legendos.

Quand *à* devant un infinitif françois peut se tourner par *pour* avec l'infinitif passif, on se sert du participe en *dus*, *da*, *dum*, que l'on fait accorder avec le nom qui précède.

Exemple. Il m'a donné des livres à lire, *c'est-à-dire*, pour être lus, *dedit mihi libros legendos.*

VII.

Vidi eum *ingredientem.*

Après les verbes *voir*, *sentir*, *écouter*, *entendre*, *admirer*, l'infinitif françois se met en latin au participe présent, que l'on fait accorder avec le régime des verbes *voir*, *sentir*, etc.

Exemples. Je l'ai vu entrer, *tournez*, j'ai vu lui entrant, *vidi eum ingredientem*; vous l'entendrez parler, *illum loquentem audies.*

SYNTAXE DES PRONOMS.

Accord du pronom avec l'antécédent.

I.

Deus *qui regnat.*

Règle. Le pronom relatif *qui*, *quæ*, *quod*, s'accorde en genre et en nombre avec le nom ou pronom qui précède, et que l'on nomme antécédent.

Exemples. Dieu qui règne, *Deus qui regnat*; ma mère qui est malade, *mater mea quæ ægrotat*; l'animal qui court, *animal quod currit*; — Il importe à moi qui enseigne, *refert meâ qui doceo* (*meâ* tient lieu du génitif *meî*).

II.

Pater et mater *quos amo*.

Quand le relatif *qui*, *quæ*, *quod*, a deux antécédens, on le met au pluriel; et si les antécédens sont de différens genres, le relatif s'accorde avec le plus noble.

Exemple. Le père et la mère que j'aime, *pater et mater quos amo*.

III.

Virtus et vitium *quæ* sunt *contraria*.

Si les deux antécédens sont des choses inanimées, le relatif se met au pluriel neutre.

Exemple. La vertu et le vice qui sont opposés, *virtus et vitium quæ sunt contraria*.

A quel cas faut-il mettre le relatif qui, quæ, quod?

RÈGLE GÉNÉRALE.

Le relatif se met au cas où l'on mettroit l'antécédent dont il tient la place; pour le connoître, il n'y a qu'à exprimer cet antécédent au lieu du relatif qui le représente.

RÈGLES PARTICULIÈRES.

I.

Qui *relatif*.

Qui se met au nominatif, comme on le voit par l'exemple *Deus qui regnat*.

Cependant, lorsque le verbe latin veut à un autre cas le nom qui est au nominatif en françois, alors le *qui* relatif se met au cas que le verbe latin demande.

Exemples. L'enfant qui se repent, *puer quem pœnitet*. Je mets *quem*, parce que les verbes *pœnitet*, *pudet*, *tædet*, etc. veulent à l'accusatif latin le nom ou pronom qui précède le verbe françois *se repentir*, etc. — Le maître qui a besoin, *magister cui opus est*. Je mets *cui*, parce qu'avec *opus est* le nominatif françois se met au datif en latin. — Le roi qui a intérêt, c'est-à-dire, à qui il importe, *rex cujus interest*.

Remarque. Si le *qui* françois peut se tourner par *celui que*, mettez-le au cas que gouverne le verbe précédent.

Exemple. Envoyez qui vous voudrez, *tournez*, celui que vous voudrez, *mitte quem voles*. (Sous-entendu *mittere*.)

II.

Que relatif se met toujours au cas du verbe suivant.

Exemples. Dieu que j'aime, *Deus quem amo*; la grammaire que j'étudie, *grammatica cui studeo*.

La grammaire que je veux étudier, *grammatica cui volo studere* (*cui*, parce qu'il est régime du second verbe).

Remarque. Si le *que* relatif est gouverné par deux verbes qui veulent différens cas, on l'exprime deux fois, et on le met au cas de chaque verbe.

Exemple. Les pauvres que nous devons aimer et secourir, *pauperes quos amare et quibus opitulari debemus*.*

* *Qui*, *quæ*, *quod*, entre deux noms auxquels il se rapporte également, s'accorde mieux avec celui qui suit. *Ex.* L'animal que nous appelons lion, *animal quem vocamus leonem*.

Il est élégant de n'exprimer l'antécédent qu'après le *qui* ou *que* relatif, et alors on met l'antécédent au même cas que le relatif. *Ex.* La lettre que vous avez écrite m'a été très-agréable. Au lieu de dire : *litteræ quas scripsisti mihi fuerunt jucundissimæ*, dites : *quas scripsisti litteras, eæ mihi fuerunt jucundissimæ.*

III.

Dont, ou *de qui*.

Dont, de qui, est toujours gouverné par le mot de la phrase après lequel on peut mettre par interrogation *de qui? de quoi?* ce mot est ou un nom, ou un adjectif, ou un verbe.

1.° Quand *dont* est gouverné par un nom, il se met au génitif.

Exemple. Dieu dont nous admirons la providence : (on peut demander *la providence de qui?*) *Deus cujus providentiam miramur.*

2.° Quand *dont* est gouverné par un adjectif, il se met au cas que régit cet adjectif.

Exemple. La récompense dont vous êtes digne, (on peut demander *digne de quoi?*) *merces quâ dignus es.*

3.° Quand *dont* est gouverné par un verbe, il se met au cas du verbe.

Exemple. Les livres dont je me sers, *libri quibus utor.*

IV.

A qui.

A qui se met au cas que demande le verbe ou l'adjectif auquel il se rapporte.

Exemples. L'homme à qui vous avez rendu service, *homo cui officium præstitisti*, ou par un autre cas, *homo in quem officium contulisti.* — L'enfant à qui cela est utile, *puer cui id utile est.*

V.

Par qui.

Par qui, suivi d'un verbe passif, se met à l'ablatif avec *à.*

Exemple. Romulus par qui Rome fut fondée, *Romulus à quo Roma condita fuit.*

Par qui, signifiant *par le moyen duquel*, s'exprime par *per* avec l'accusatif.

Exemple. Celui par qui j'ai obtenu ma grâce, *c'est-à-dire*, par le moyen duquel, *is per quem veniam impetravi.*

Pronoms *me*, *te*, *se*, *nous*, *vous*, *le*, *la*, *les*, *en*, *y*.

I.

Les pronoms *me*, *te*, *se*, *nous*, *vous*, se mettent au cas que gouverne le verbe ou l'adjectif auquel ils se rapportent.

Exemples. Il m'a obéi, *c'est-à-dire*, il a obéi à moi, *mihi paruit.* — Je vous ai donné un livre, *c'est-à-dire*, j'ai donné à vous, *tibi dedi librum.* — Cela nous sera utile, *id nobis erit utile.* — Vous me louez, *me laudas.* — Vous me favorisez, *mihi faves.*

II.

Le, *la*, *les*, se mettent toujours au cas du verbe suivant, et ils s'accordent en genre et en nombre avec le nom auquel ils se rapportent.

Exemple. Je vous ai promis un livre, je vous le donnerai, *tibi promisi librum*, *hunc tibi dabo.*

Si *le* n'est pas précédé d'un nom auquel il se rapporte, on le tourne par *cela*, et on l'exprime par *hoc*, *id*, *illud.*

Exemple. Je ne le ferai pas, *tournez*, je ne ferai pas cela, *hoc non agam.*

III.

Lui, *leur*, se tournent toujours par *à lui*, *à elle*, *à eux*, et ils sont gouvernés par un verbe ou par un adjectif.

Exemples. Vous lui direz, *tournez*, vous direz à lui, *dices ei.* — Cela leur est facile, *tournez*, est facile à eux, *id illis facile est.*

IV.

En se tourne par *de lui*, *d'elle*, *d'eux*, *d'elles*, et il est gouverné, ou par un nom, ou par un adjectif, ou par un verbe.

Exemples. J'ai vu votre maison, et j'en ai admiré la beauté, *c'est-à-dire*, la beauté d'elle, *vidi tuam domum, et illius pulchritudinem miratus sum.* — Vous en êtes bien content, *illâ sanè contentus es.* — J'aime cet enfant, et j'en suis aimé, *c'est-à-dire*, je suis aimé de lui, *puerum hunc diligo, et ab eo diligor.*

V.

Y se tourne par *à lui*, *à elle*, *à eux*, *à elles*, et se met au cas du verbe suivant.

Exemple. L'affaire est très-importante, j'y donnerai mes soins, *c'est-à-dire*, à elle, *res est gravissima, huic operam dabo.*

Voyez *en*, *y*, dans les adverbes de lieu.

VI.

Se.

1.° On exprime *se* par *sui*, *sibi*, *se*, en le mettant au cas du verbe, quand le nominatif est une chose animée, qui fait sur elle-même l'action que marque le verbe.

Exemples. L'orgueilleux se loue, comme c'est l'orgueilleux qui se loue lui-même, dites : *superbus se laudat*; il se flatte, *sibi blanditur.*

2.° Si le pronom *se* a rapport à un nominatif de chose inanimée, ou même animée, qui ne fasse pas sur elle-même l'action marquée par le verbe, on tourne ce verbe par le passif.

EXEMPLES. Ce mot se trouve dans Phèdre, *tournez*, ce mot est trouvé, *vox illa invenitur apud Phædrum*. — Il ne s'ébranle pas de vos menaces, *tournez*, il n'est pas ébranlé, *minis non movetur tuis*.

REMARQUE. Dans les trois phrases suivantes, les nominatifs sont regardés comme choses animées.

Le poison se glisse dans les veines, *venenum sese in venas insinuat*. — Si l'occasion se présente, *si se dederit occasio*. — Si la chose se passe ainsi, *si res ità se habeat*.

3.° Quand *se* a rapport à deux nominatifs qui font l'un sur l'autre l'action que marque le verbe, on ajoute l'adverbe *invicem* au pronom *sui*, *sibi*, *se*, à moins qu'il ne soit gouverné par une préposition.

EXEMPLES. Pierrre et Jean se louent, *Petrus et Joannes se invicem laudant*; ils se battent, *inter se pugnant*.

QUI *interrogatif*.

Le *qui* interrogatif n'a point d'antécédent; on le connoît, quand il peut se tourner par *quelle personne?*

I.

Quis *vestrûm*, ou *ex vobis*, ou *inter vos*.

Le *qui* interrogatif s'exprime par *quis*, *quæ*, *quod*, ou *quisnam*, *quænam*, *quodnam*, et le nom pluriel qui suit se met au génitif, ou à l'ablatif avec *è*, *ex*, ou à l'accusatif avec *inter*.

EXEMPLES. Qui de vous? *Quis vestrûm*, ou *ex vobis*, ou *inter vos*? — Qui est content de son sort? *Quis suâ sorte contentus est*.

II.

Uter est doctior, *tune*, *an frater*?

Qui des deux, ou *lequel des deux* s'exprime par

uter, *utra*, *utrum*, et les deux noms qui suivent se mettent au même cas que *uter*; on met *ne* après le premier, et *an* devant le second; le superlatif françois se met au comparatif en latin.

Exemple. Lequel des deux est le plus savant, de vous ou de votre frère? *uter est doctior*, *tune*, *an frater?*

III.

Qui interrogatif est tantôt le nominatif, et tantôt le régime du verbe suivant.

1.° Il est le nominatif, quand on peut le tourner par *qui est celui qui?*

Exemple. Qui vous a appelé, *c'est-à-dire*, qui est celui qui vous a...? *quis te vocavit?*

2.° Il est le régime, quand on peut le tourner par *qui est celui que...?*

Exemple. Qui appelez-vous, *c'est-à-dire*, qui est celui que vous...? *quem vocas?*

Que *interrogatif*.

Le *que* interrogatif se tourne par *quelle chose*, et il s'exprime par *quid*, lorsque le verbe suivant gouverne l'accusatif.

Exemple. Que faites-vous, *tournez*, quelle chose faites-vous? *quid agis?*

Mais si le verbe suivant gouverne un autre cas, il faut exprimer le mot *chose*.

Exemple. Qu'étudiez-vous? *c'est-à-dire*, quelle chose étudiez-vous? *cui rei studes?*

Quoi ou *que* au commencement d'une phrase se tourne par *quelle chose*, et s'exprime par *quid*.

Exemples. Quoi de plus beau que la vertu? *quid virtute pulchrius?* — Que sera-ce, si....? *quid futurum est, si?*

QUEL, QUELLE.

I.

Quel, *quelle*, s'expriment aussi par *quis*, *quæ*, *quod* ou *quisnam*, *quænam*, *quodnam*, et s'accordent avec le nom suivant en genre, en nombre et en cas.

EXEMPLES. Quelle mère n'aime pas ses enfans? *quæ* ou *quænam mater liberos suos non amat?* — Quel avantage y a-t-il dans la vie? *quod commodum habet vita?* ou mieux *quid commodi habet vita?* (*Quel* suivi d'un nom de chose, s'exprime mieux par *quid* avec le génitif.)

II.

Quel, *quelle*, signifiant *quantième*, s'expriment par *quotus*, *quota*, *quotum*, et l'on répond par le nombre ordinal.

EXEMPLE. Quelle heure est-il? sept heures, *quota hora est? septima.*

III.

Quel, *quelle*, quand on peut ajouter le mot *grand*, s'expriment par *quantus*, *quanta*, *quantum*.

EXEMPLE. Quel malheur nous menace! *c'est-à-dire*, quel grand malheur! *quanta nobis instat pernicies!*

QUIS TE REDEMIT? JESUS CHRISTUS.

RÈGLE. La réponse se met ordinairement au même cas que la demande.

EXEMPLES. Qui vous a racheté? Jésus-Christ, *quis te redemit? Jesus Christus.* — Qui a pitié des paresseux? personne, *quem miseret pigrorum? neminem.*

Remarque. Le verbe de la demande est toujours sous-entendu dans la réponse; ainsi quand on dit: *qui vous a racheté?* et que l'on répond *Jésus-Christ*, c'est comme si l'on disoit: *Jésus-Christ m'a racheté.*

Cependant avec les impersonnels *est*, *refert*, *interest*, la réponse, quand elle se fait par un pronom, se met à un autre cas.

Exemples. A qui importe-t-il? à moi, *cujusnam interest? meâ.* — A qui appartient-il de parler? à vous, *cujus est loqui? tuum.*

OBSERVATION.

Quand on interroge sans négation, on met en latin *an* ou *nùm* devant le premier mot, ou *ne* après, et la réponse se fait par le verbe de l'interrogation.

Exemples. Dormez-vous? *nùm dormis?* Non, *non dormio.* (*Nùm* s'emploie quand la réponse doit être négative.) — Avez-vous vu le roi? *vidistine regem?* Oui, *vidi.* *

Si l'interrogation se fait par deux négations, *ne je pas*, *ne tu pas*, etc., on met *an non* ou *nonne* devant le premier mot.

Exemple. N'avez-vous pas vu le roi? *an non* ou *nonne vidisti regem?* Non, *non vidi.*

Quand on commande, le verbe se met à l'impératif.

Exemple. Laquais, chassez les mouches, *puer, abige muscas.*

Si le verbe est à la troisième personne, on emploie la troisième personne du présent du subjonctif, et l'on n'exprime pas le *que* françois.

Exemple. Qu'il s'en aille le traître! *abeat proditor!*

---

* Si l'interrogation tient lieu de *lorsque*, on l'exprime par *quùm*. Avoit-il soupé, il s'en alloit, *tournez*, lorsqu'il avoit soupé, il... *Quùm cœnaverat, abibat.*

Quand on défend, on met *ne* avec le subjonctif ou l'impératif; ou bien l'on se sert de *noli* pour le singulier, *nolite* pour le pluriel, avec l'infinitif.

EXEMPLE. N'insultez pas les malheureux, *ne insultes*, ou *ne insulta miseris;* ou bien *noli, nolite insultare miseris.* (On met *nolite* pour le pluriel.)

Lorsque le verbe est à la troisième personne, on se sert toujours de *ne* avec le subjonctif.

EXEMPLES. Qu'il ne dise pas, *ne dicat;* qu'il ne sorte pas de la maison, *domo ne exeat.*

SYNTAXE DES PARTICIPES.

Il y a en latin deux participes de l'actif, comme *amans*, aimant; *amaturus*, devant aimer; deux du passif, comme *amatus*, aimé; *amandus* devant être aimé.

Les participes sont de véritables adjectifs qui s'accordent en genre, en nombre et en cas avec le nom auquel ils se rapportent, et de plus ils gouvernent le même cas que les verbes d'où ils viennent.

I.

Participes joints au nominatif.

Le participe qui se rapporte au nominatif du verbe, s'accorde avec ce nominatif en genre, en nombre et en cas.

EXEMPLES. Un coq cherchant de la nourriture, trouva une perle, *gallus escam quærens, margaritam reperit.* — Ciceron devant prononcer un discours, *Cicero orationem habiturus.* — L'enfant ayant été interrogé, répondit, *puer interrogatus, respondit.* — Devant être interrogé, il craignoit, *interrogandus, timebat.*

II.

Participes joints au régime du verbe.

Le participe qui se rapporte au régime du verbe, s'accorde avec ce régime en genre, en nombre et en cas. Le participe se rapporte ordinairement au régime du verbe, quand ce régime est un des pronoms *le*, *la*, *les*, *lui*, *leur*.

Exemples. La ville ayant été prise, l'ennemi la pilla; *tournez*, l'ennemi pilla la ville prise, *urbem captam hostis diripuit.* — Les citoyens devant être passés au fil de l'épée, le vainqueur leur pardonna, *tournez*, le vainqueur pardonna aux citoyens devant être passés... *civibus ferro necandis victor pepercit.*

III.

Ablatif absolu.

Quand le participe ne se rapporte ni au nominatif, ni au régime du verbe, on met à l'ablatif ce participe et le nom auquel il est joint, les faisant accorder en genre et en nombre.

Exemples. *Les parts étant faites*, le lion parla ainsi, * *partibus factis*, *sic locutus est leo.* — La lettre étant déjà écrite, votre esclave est venu, *scriptâ jam epistolâ*, *venit puer tuus.* Voyez *Participes françois*, ci-après.

SYNTAXE DES PRÉPOSITIONS.

On a vu dans la première partie, qu'il y a trente prépositions qui gouvernent l'accusatif, et quinze qui gouvernent l'ablatif.

Les prépositions servent principalement à marquer de quelle manière une chose se fait, en quel

* On sous-entend une préposition, *à partibus factis*, après les parts faites.

lieu,

lieu, dans quel temps, c'est-à-dire, les différentes circonstances de temps, de lieu, de manière, etc. On sous-entend quelquefois les prépositions, quoiqu'elles soient toujours la véritable cause du régime. J'indiquerai (entre parenthèses) les prépositions sous-entendues.

I.

Noms de matières.

Vas *ex auro.*

Le nom qui exprime la matière dont une chose est faite, se met à l'ablatif avec *è* ou *ex.*

Exemples. Un vase d'or, *vas ex auro.* — Une statue d'airain, *signum ex œre.* *

II.

Noms de mesure, de distance et d'espace.

Velum longum *tres ulnas* ou *tribus ulnis.*

Le nom qui marque la mesure ou la distance, se met à l'accusatif ou à l'ablatif sans préposition.

Exemples. Un voile long de trois aunes, *velum longum (ad) tres ulnas* ou *(ex) tribus ulnis.* — Il est éloigné de vingt pas, *abest* ou *distat viginti passus* ou *viginti passibus.*

Si le nom de mesure est précédé d'un comparatif, il se met toujours à l'ablatif.

Exemple. Vous n'êtes pas plus grand que moi de deux doigts, *duobus digitis major me non es.*

Le lieu précis où une chose est arrivée se met à l'ablatif sans préposition, ou à l'accusatif avec *ad*, et alors on se sert du nombre ordinal *primus, secundus, tertius, etc.*

* On peut aussi du nom de matière faire un adjectif qui doit s'accorder avec le nom. *Ex.* Un vase d'or, *vas aureum*; une statue d'airain, *signum æreum.*

EXEMPLE. Il est tombé à dix pas d'ici, *cecidit decimo abhinc passu*, ou *ad decimum abhinc passum.*

III.

Noms de l'instrument, de la cause, de la manière, etc.

Le nom de l'instrument dont on se sert pour faire quelque chose, la cause pourquoi elle se fait, la manière dont elle se fait, et le nom de la partie, se mettent à l'ablatif sans préposition.

EXEMPLES.

Du nom d'instrument.

Frapper de l'épée *ou* avec l'épée, *ferire (cum) gladio.*

Du nom de cause.

Il mourut de faim, (*præ*) *fame interiit.*

Du nom de manière.

Vous l'emportez en beauté, en grandeur, *vincis formâ, vincis magnitudine.*

Du nom de la partie.

Je tiens le loup par les oreilles, *teneo lupum auribus.*

IV.

Nom du prix, de la valeur.

Hic liber constat *viginti assibus.*

Le nom qui marque le prix, la valeur de quelque chose, se met à l'ablatif sans préposition.

EXEMPLE. Ce livre coûte vingt sous, *hic liber constat (pro) viginti assibus.*

V.

Nom de temps.

Veniet *die dominicâ.*

1.° Si l'on veut marquer quand une chose s'est faite ou se fera, *quandò*, le nom de temps se met à l'ablatif sans préposition.

EXEMPLES. Il viendra dimanche, *veniet* (*in*) *die dominicâ;* le mois prochain, *mense proximo;* à trois heures, *horâ tertiâ.* (A la question *quando*, l'on se sert du nombre ordinal.)

Regnavit *tres annos* ou *tribus annis.*

2.° Quand on veut marquer combien de temps une chose a duré ou durera, *quandiù*, le nom de temps se met à l'accusatif ou à l'ablatif sans préposition, et l'on se sert du nombre cardinal.

EXEMPLE. Il a régné trois ans, *regnavit* (*per*) *tres annos* ou (*in*) *tribus annis.*

Tertium annum regnat.

3.° Quand on veut marquer depuis quel temps une chose se fait, *à quo tempore*, le nom de temps se met à l'accusatif, et l'on se sert du nombre ordinal ou cardinal.

EXEMPLES. Il y a trois ans qu'il règne, *tertium annum regnat.* CIC. On dit aussi *à tribus annis.* — Il y a plusieurs années que je suis lié avec votre père, *multos annos utor familiariter patre tuo.*

Si le temps est passé, et qu'il ne dure plus, on met le nom de temps à l'accusatif ou à l'ablatif avec *abhinc*, et l'on se sert du nombre cardinal.

EXEMPLE. Il y a trois ans qu'il est mort, (*à*) *tribus abhinc annis*, ou (*ante*) *tres abhinc annos mortuus est.*

VI.

Id fecit *intra tres dies.*

Quand on veut marquer en quel espace de temps une chose s'est faite ou se fera, *quanto tempore*, le nom de temps se met à l'accusatif avec *intra.*

EXEMPLE. Dieu a créé le monde en six jours, *Deus mundum creavit intra sex dies.*

Dans suivi d'un nom de temps s'exprime par *post* avec l'accusatif, quand il peut se tourner par *après*.

Exemple. Je partirai dans trois jours, c'est-à-dire après trois jours, *post tres dies proficiscàr.*

Noms de lieu.

Il y a quatre questions de lieu : *ubi*, où l'on est ; *quò*, où l'on va ; *undè*, d'où l'on vient ; *quà*, par où l'on passe.

I.

Question *UBI.*

Quand on marque le lieu où l'on est, où l'on fait quelque chose, c'est la question *ubi.*

Sum *in Galliâ*, *in urbe.*

1.° A la question *ubi*, le nom de lieu se met à l'ablatif avec *in.*

Exemples. Je suis en France, *sum in Galliâ ;* dans la ville, *in urbe.* — Il se promène dans le jardin, *ambulat in horto.* (On met *horto* à l'ablatif, parce qu'il ne sort pas du lieu.)

Natus est *Avenione*, *Athenis.*

2.° On sous-entend la préposition quand c'est un nom propre de ville.

Exemples. Il est né à Avignon, *natus est Avenione ;* à Athènes, *Athenis.*

Habitat *Lugduni*, *Romæ.*

3.° Si le nom propre de ville est au singulier, et de la première ou seconde déclinaison, on le met au génitif (parce qu'on sous-entend *in urbe*).

Exemples. Il demeure à Lyon, *habitat Lugduni;* à Rome, *Romæ.* — Les noms *domus*, *humus*, se mettent aussi au génitif, *domi*, *humi*... Est-il à la maison? *Estne domi?* On dit aussi *militiæ*, *belli*, en temps de guerre (sous-entendu *tempore*).

Cœnabam *apud patrem.*

4.° Le nom de la personne se met à l'accusatif avec *apud.*

Exemple. Je soupois chez mon père, *cœnabam apud patrem.*

II.

Question *QUO.*

La question *quò* se connoît lorsque le verbe signifie mouvement pour aller, venir en quelque lieu, partir pour quelque lieu.

Eo *in Galliam*, *in urbem.*

1.° A la question *quò*, le nom du lieu où l'on va... se met à l'accusatif avec *in*, quand on entre dans le lieu, et *ad*, quand on ne va qu'auprès.

Exemples. Je vais en France, *eo in Galliam;* à la ville, *in urbem.* — Ils vinrent au même ruisseau, *venerunt ad eumdem rivum.*

Ibo *Lutetiam*, *Lugdunum.*

2.° On sous-entend la préposition quand c'est un nom propre de villè, et devant *rus*, *domum.*

Exemples. J'irai à Paris, *ibo Lutetiam ;* à Lyon, *Lugdunum.* — Je vais à la campagne, *eò rus;* à la maison, *eo domum.*

Si l'on se sert du verbe *petere* pour exprimer *aller*, on met toujours le nom du lieu à l'accusatif sans préposition : je vais au collége, *peto collegium.*

Eo *ad patrem*, *ad sacram concionem.*

3.° Le nom de la personne et celui de la chose se mettent à l'accusatif avec *ad.*

Exemples. Je vais chez mon père, *eo ad patrem;* au sermon, *ad sacram concionem.*

III.

QUESTION *UNDE*.

La question *undè* se connoît lorsque le verbe signifie mouvement pour partir ou venir de quelque lieu.

Redeo *ex Galliâ*, *ex urbe*.

1.° A la question *undè*, le nom du lieu d'où l'on part, d'où l'on vient, se met à l'ablatif avec *è* ou *ex*.

EXEMPLES. Je reviens de la France, *redeo ex Galliâ;* de la ville, *ex urbe*. — Il est sorti de sa chambre, *egressus est è cubiculo*.

Redeo *Lugduno*, *Româ*.

2.° On sous-entend la préposition quand c'est un nom propre de ville, et devant *rure*, *domo*.

EXEMPLES. Je reviens de Lyon, *redeo Lugduno;* de Rome, *Româ;* de la campagne, *rure;* de la maison, *domo*.

Venio *à patre*, *à venatione*.

3.° Le nom de la personne et celui de la chose se mettent à l'ablatif avec *à* ou *ab*.

EXEMPLES. Je viens de chez mon père, *venio à patre;* de la chasse, *à venatione*.

IV.

QUESTION *QUA*.

Quand on marque le lieu par où l'on passe, c'est la question *quà*.

Iter feci *per Galliam*, *per Lugdunum*.

A la question *quà*, tous les noms des lieux par où l'on passe se mettent à l'accusatif avec *per*.

EXEMPLES. J'ai passé par la France, *iter feci per Galliam;* par Lyon, *per Lugdunum*.

Quand on se sert de *transire*, verbe composé de *ire*, aller, et de *trans*, au-delà, on met l'accusatif sans la préposition *per*; il passa par la ville, *transiit urbem.*

Iter faciam per domum avunculi mei.

Par chez avec un nom de personne, se tourne ainsi : par la maison de, et se dit en latin *per domum.*

EXEMPLE. Je passerai par chez mon oncle, *iter faciam per domum avunculi mei.*

REMARQUE. Quand, après un nom propre de ville, se trouve le nom commun, *ville*, *endroit*, on met d'abord le nom propre au cas marqué dans chaque question, mais on exprime la préposition devant le nom commun.

EXEMPLES. Ils s'arrêtèrent à Corinthe, lieu célèbre, *constiterunt Corinthi, in loco nobili.* — Je vais à Rome, ville d'Italie, *eo Romam, in urbem Italiæ.* — Je reviens de Lyon, ville de France, *redeo Lugduno, ex urbe Galliæ.*

Si le nom commun, *ville*, est devant le nom propre, il faut exprimer la préposition, et mettre le nom propre au cas de la préposition.

EXEMPLE. Il demeure dans la ville de Lyon, *habitat in urbe Lugduno.*

Domus et *rus*, suivis d'un génitif ou d'un adjectif, prennent la préposition. *Ex.* Il demeure dans la maison de César, dans une campagne agréable, *habitat in domo Cæsaris, in rure amœno.*

ADVERBES DE LIEU.

QUESTION *Ubi.*	QUESTION *Quò.*	QUESTION *Undè.*	QUESTION *Quà.*
Où, *ubi.*	Où, *quò.*	D'où, *undè.*	Par où, *quà.*
Ici où je suis, *hìc*,	Ici où je suis, *hùc.*	D'ici où je suis, *hinc.*	Par ici où je suis, *hàc.*
Là où tu es, *istìc*,	Là où tu es, *istùc.*	De là où tu es, *istinc.*	Par-là où tu es, *istàc.*
Là où il est, *illìc.*	Là où il est, *illùc.*	De là où il est, *illinc.*	Par-là où il est, *illàc.*
Là, y, *ibi.*	Là, y, *eò.*	De là, en, *indè.*	Par-là, y, *eà.*
Ailleurs, *alibi.*	Ailleurs, *aliò.*	De quelque part, *alicundè.*	Par quelqu'endroit, *aliquà.*
Quelque part, *alicubi*, *uspiàm.*	Quelque part, *quòpiam.*	De quelque endroit que ce soit, *undècumque.*	Par quelqu'endroit que ce soit, *quàcumque.*
Partout où, en quelque lieu que ce soit, *ubicumque.*	Partout où, en quelque lieu que ce soit. *quòcumque.*		
Là même, *ibidem.*	Là même, *eodem.*	Du même lieu, *indidem.*	Par le même lieu, *eàdem.*
Nulle part, *nusquàm.*	Nulle part, *nusquàm.*		
Dehors, *forìs.*	Dehors, *foràs.*		
Dedans, *intùs.*	Dedans, *intrò.*		

SYNTAXE DES ADVERBES.

Régimes.

Les adverbes de quantité gouvernent le génitif.

Exemples.

Peu de vin, *parùm vini.*
Beaucoup d'eau, *multùm aquæ.*
Plus de forces, *plùs virium.*
Moins de vertus, *minùs virtutis.*
Assez de paroles, *satis verborum.*
Trop de piéges, *nimis insidiarum.*

Les adverbes de temps et de lieu gouvernent le génitif.

EXEMPLES. En quel lieu du monde? *ubi terrarum?* — Nulle part, en aucun lieu du monde, *nusquàm gentium.*

Pridiè, la veille; *postridiè*, le lendemain, veulent le génitif ou l'accusatif.

EXEMPLES. Le jour de devant les calendes, *pridiè calendarum* ou *calendas.* (On sous-entend *antè.*)

Le jour d'après les ides, *postridiè iduum* ou *idus.* (Sous-entendu *post.*)

En, *ecce*, voici, voilà, veulent après eu le nominatif ou l'accusatif: voici, voilà le loup, *en*, *ecce lupus* (sous-entendu *adest*); *en*, *ecce lupum* (sous-entendu *aspice*).

Ergò, employé pour *causâ*, veut le génitif, et se met après son régime: à cause de lui, ou pour l'amour de lui, *illius ergò.*

Instar, comme, veut le génitif et se met après son régime: comme une montagne, *montis instar.*

Obviam, au-devant, veut le datif: aller au-devant de quelqu'un, *ire obviam alicui.*

SYNTAXE DES CONJONCTIONS.

Régime.

Parmi les conjonctions, les unes gouvernent le subjonctif, les autres gouvernent l'indicatif. Voici celles dont l'usage est le plus fréquent:

Quùm signifiant *lorsque*, ne veut le subjonctif que devant l'imparfait.

EXEMPLE. Lorsque la ville d'Athènes florissoit, *quùm Athenæ florerent.*

Quùm, signifiant *puisque*, *vu que*, *comme*, régit toujours le subjonctif.

EXEMPLES. Puisque vous le voulez, *quùm id ve-*

lis. — Puisque vous l'avez voulu, *quùm id volueris.*

Dùm, signifiant *tandis que*, ne veut le subjonctif que devant l'imparfait.

EXEMPLE. Tandis qu'un chien portait de la chair, *dùm canis ferret carnem.*

Dùm, signifiant *pourvu que*, *jusqu'à ce que*, veut toujours le subjonctif.

EXEMPLE. Pourvu que je porte mon bât, *clitellas dùm portem meas.*

Si régit le subjonctif devant l'imparfait et le plusque-parfait.

EXEMPLE. Si tu le faisois, si tu l'avois fait à cause de moi, *id si faceres*, *si fecisses causâ meâ.*

REMARQUE. Quant après *si*, il y a un second verbe au futur, on met bien le premier verbe au même futur.

EXEMPLES. Si vous venez, vous me ferez plaisir, *si veneris*, *pergratum mihi feceris.* — Si vous lisez ce livre, j'en serai charmé, *quem librum si leges*, *lætabor.*

Ut, signifiant *afin que*, *pour*, gouverne toujours le subjonctif.

EXEMPLE. Afin que je repose pendant le jour, *luce ut quiescam.*

Ut, signifiant *comme*, *de même que*, veut l'indicatif.

EXEMPLE. Comme l'on dit, *ut aiunt.*

Ut, signifiant *aussitôt que*, *dès que*, veut l'indicatif.

EXEMPLE. Dès que je fus sorti de la ville, *ut ab urbe discessi.* Voyez *Conjonctions françoises*, *ci-après*, *chapitre sixième.*

FIN DE LA SECONDE PARTIE.

TABLE ALPHABÉTIQUE

Des première et seconde parties.

6

Fin de la Table des première et seconde Parties.

TROISIÈME PARTIE.

Méthode ou Manière de rendre en latin les *Gallicismes* qui se rencontrent le plus fréquemment.

Les différences qui se trouvent entre les deux langues, relativement aux noms et aux adjectifs, sont indiquées dans le Dictionnaire; il suffit d'avertir les enfans de faire attention au genre de chaque nom latin; ils doivent aussi, quand ils cherchent un verbe, remarquer s'il est actif, neutre ou déponent.

CHAPITRE PREMIER.

DES VERBES.

Verbes à l'Indicatif ou au Subjonctif en françois, qu'il faut tourner par l'infinitif en latin, ou

Que *retranché.*

On appelle *que retranché* celui qui étant entre deux verbes françois, ne peut pas se tourner par *lequel*, *laquelle*, et qui ne s'exprime point en latin.

Je crois que vous pleurez, *tournez*, je crois vous pleurer.

Règle. Après les verbes *croire*, *savoir*, *assurer*, *être persuadé*, *prétendre*, *prometire*, *espérer*, etc. on n'exprime pas *que*, mais on met à l'accusatif le nom ou pronom qui suit, et le second verbe à l'infinitif latin.

Exemple. Je crois que vous pleurez, *credo te flere*.

Quand le *que* retranché est suivi d'une phrase *incidente*, ce n'est pas le verbe de la phrase incidente qui se met à l'infinitif, mais c'est l'autre verbe qui est ordinairement le dernier. *Ex.* Soyez persuadé qu'un enfant (qui honore ses parens) sera aimé de Dieu, *persuasum habeto puerum (qui parentes veretur) à Deo amatum iri.* On appelle *phrase incidente*, celle qui est jointe à une autre par un de ces mots, *qui, pour, si*, etc.

A quel temps de l'infinitif latin faut-il mettre le verbe françois qui suit le *que* retranché? *

*RÈGLE GÉNÉRALE

POUR LE *que* RETRANCHÉ.

Comparez les temps que marquent les deux verbes.

1.° Si les deux actions exprimées par les deux verbes se font ou ont été faites dans le même temps, mettez le second verbe françois au présent de l'infinitif latin.

EXEMPLE. Il dit que vous êtes sage, *dicit te esse sapientem.*

2.° Si l'action du second verbe étoit déjà faite dans le temps que marque le premier verbe, mettez le parfait de l'infinitif.

EXEMPLE. Il dit que vous avez lu ce livre, *dicit te legisse hunc librum.*

3.° Si l'action du second verbe étoit encore à faire dans le temps du premier verbe, mettez le futur de l'infinitif.

EXEMPLE. Il dit que vous viendrez demain, *dicit te cras venturum esse.*

RÈGLES PARTICULIÈRES.

I.

Temps du verbe françois qu'il faut mettre au présent de l'infinitif latin.

1.° Mettez au présent de l'infinitif le présent de l'indicatif françois.

EXEMPLE. Je crois qu'il lit, *credo illum legere.*

2.° Mettez au présent de l'infinitif l'imparfait de l'indicatif, quand le premier verbe est à l'un des trois parfaits.

EXEMPLE. Je croyois, j'ai cru, j'avois cru qu'il lisoit, *credebam*, *credidi*, *credideram illum legere.* *

3.° Mettez encore au présent de l'infinitif le présent du subjonctif, quand on peut le tourner par le présent de l'indicatif, en transportant la négation du premier verbe au second.

EXEMPLE. Je ne crois pas qu'il lise, *on peut tourner*, je crois qu'il ne lit pas, *non credo illum legere.*

II.

Après un que *retranché, mettez au parfait de l'infinitif latin les trois temps suivans.*

1.° Le parfait et le plus-que-parfait de l'indicatif françois.

EXEMPLE. Je crois qu'il a lu, qu'il avoit lu, *credo illum legisse.*

2.° L'imparfait de l'indicatif, quand le premier verbe est au présent ou au futur.

* Si cependant le second verbe marque un temps plus ancien que le premier, mettez ce second verbe au parfait de l'infinitif latin. *Ex.* Je vous ai dit que Phèdre étoit esclave, *tibi dixi Phædrum fuisse servum.*

Exemple. Je crois, je croirai qu'il lisoit, *credo credam illum legisse.*

3.° Le futur passé et le parfait du subjonctif, quand on peut les tourner par le parfait de l'indicatif.

Exemples. Je crois qu'il aura déjà dîné, *tournez* je crois qu'il a déja dîné, *credo illum jam prandisse.* Je ne crois pas qu'il ait encore dîné, *tournez*, je crois qu'il n'a pas encore dîné, *non credo illum jam prandisse.*

III.

Après un que *retranché, mettez au futur de l'infinitif latin les trois temps suivans.*

1.° Le futur de l'indicatif françois.

Exemple. Je crois qu'il viendra demain, *credo illum cras venturum esse.*

2.° Le présent du subjonctif, quand on peut le tourner par le futur de l'indicatif, en transportant la négation du premier verbe au second.

Exemple. Je ne crois pas qu'il vienne demain *on peut tourner*, je crois qu'il ne viendra pas demain, *non credo illum cras venturum esse.*

3.° L'imparfait du subjonctif terminé en *rois.*

Exemple. Je croyois qu'il viendroit demain, *putabam eum cras venturum esse.*

IV.

Après un que *retranché, mettez au futur passé de l'infinitif latin :*

Le plus-que-parfait du subjonctif françois.

Exemple. Je crois qu'il seroit venu si... *credo illum venturum fuisse si...*

Cependant s'il peut se tourner par le plus-que-parfait de l'indicatif, mettez-le au parfait de l'infinitif.

Ex. Je ne savois pas que vous fussiez arrivé, *tournez*, que vous étiez arrivé, *nesciebam te advenisse.*

REMARQUE. L'imparfait du subjonctif terminé en *asse*, *insse*, *isse*, *usse*, se tourne quelquefois par l'imparfait de l'indicatif, et alors il en suit la règle.

EXEMPLES. Je ne croyais pas, je n'ai pas cru, je n'avois pas cru que vous fussiez malade, *tournez*, que vous étiez... *non credebam*, *non credidi*, *non credideram te ægrotare.* (Je mets le présent *ægrotare*, parce que le premier verbe est à l'un des trois parfaits.) — Je ne crois pas, je ne croirai pas que vous fussiez malade, *tournez*, que vous étiez... *non credo*, *non credam te ægrotavisse.* (Je mets le parfait de l'infinitif, parce que le premier verbe est au présent ou au futur.)

Quelquefois l'imparfait en *asse*, *insse*... se tourne par le futur de l'indicatif, et alors il suit la règle du futur.

EXEMPLE. Si je croyois que vous vinssiez bientôt, je vous attendrois, *tournez*, que vous viendrez, *si putarem te brevi venturum esse*; *te expectarem*.

PREMIÈRE OBSERVATION.

Lorsque après un *que* retranché on doit mettre le verbe à l'un des futurs de l'infinitif, et que le verbe latin n'en a point;

1.° Exprimez le futur de l'indicatif et le présent du subjonctif françois par *fore ut*, ou *futurum esse ut*, avec le présent du subjonctif latin.

EXEMPLE. Je crois que vous vous repentirez, *credo fore ut te pœniteat.*

2.° Exprimez l'imparfait du subjonctif françois par *fore ut*, avec l'imparfait du subjonctif latin.

EXEMPLE. Je croyois que vous vous repentiriez, *credebam fore ut te pœniteret.*

3.° Exprimez le plus-que-parfait du subjonctif françois par *futurum fuisse ut*, avec l'imparfait du subjonctif latin.

Exemple. Je croyois que vous vous seriez repenti, *credebam futurum fuisse ut te pœniteret.*

On se sert encore de *fore ut*, avec le parfait du subjonctif, pour exprimer le futur passé et le parfait du subjonctif, quand ils marquent l'avenir.

Exemples. Vous croyez qu'il aura bientôt terminé cette affaire, *credis fore ut brevi illud negotium confecerit.* — Je ne crois pas qu'il ait sitôt terminé cette affaire, *non credo fore ut tam citò illud negotium confecerit.*

SECONDE OBSERVATION.

Quand les verbes *croire*, *espérer*, *promettre*, *menacer*, *se souvenir*, etc. sont suivis d'un infinitif françois, tournez la phrase de manière qu'il y ait un *que* entre les deux verbes, et alors vous suivrez la règle du *que* retranché.

Exemples. Je crois avoir lu, *tournez*, que j'ai lu, *credo me legisse.* — Vous croyez être heureux, *tournez*, que vous êtes heureux, *credis te esse beatum.* — Il espère partir bientôt, *tournez*, qu'il partira bientôt, *sperat se brevi profecturum.* — Je me souviens d'avoir lu, *tournez*, que j'ai lu, *memini me legere.* (Après *memini*, on met mieux le présent que le parfait de l'infinitif.) *

---

* Il faut éviter dans les matières de composition que l'on donne aux enfans, ces locutions : *je crois qu'il part demain*, pour *qu'il partira; je croyois que vous partiez demain*, pour *que vous partiriez; je dirai que vous serez sage*, pour *que vous êtes sage; je n'aurois pas cru que vous fussiez devenu si savant*, pour *que vous deviendriez.* Le bon sens leur indiquera dans la suite la véritable valeur de ces temps, beaucoup mieux que toutes nos règles.

Verbes après lesquels le QUE *ou* DE *françois se rend en latin par plusieurs conjonctions.*

Conseiller de, *suadere ut.*

Conseiller de ne pas, *suadere ne.*

RÈGLE. Après les verbes *conseiller*, *persuader*, *souhaiter*, *faire en sorte*, *commander*, *prier*, *avoir soin*, *il faut*, *il est juste*, *il est nécessaire*, *il arrive*, *il importe*, etc. le *de* ou *que* s'exprime par *ut* avec le subjonctif, et s'il suit une négation par *ne* ou *ut ne*.

EXEMPLES. Je vous conseille de lire, *tournez*, que vous lisiez, *suadeo tibi ut legas;* de ne pas jouer, *ne ludas.* — Ayez soin de vous bien porter, *cura ut valeas;* de ne pas tomber malade, *ne in morbum incidas.* * — Dites-lui, avertissez-le de prendre garde à lui, *tournez*, qu'il prenne garde... *dic illi*, *mone illum ut sibi caveat.*

REMARQUE. Après *dire*, *avertir*, *persuader*, *écrire*, le *que* se retranche, quand il ne peut pas se tourner par *de*.

EXEMPLE. Dites-lui, avertisssez-le que je suis arrivé, *dic illi*, *mone illum me advenisse.* (De même après *jubere*, commander, le *que* se retranche presque toujours; et le verbe suivant se met au présent de l'infinitif.)

---

* Après *curare*, avoir soin, on met élégamment le participe du futur en *dus*, *da*, *dum*, si le verbe a un régime avec lequel on puisse le faire accorder. *Ex.* Il a eu soin de me faire tenir la lettre, *litteras ad me perferendas curavit.*

Après *oportet*, *volo*, *nolo*, *malo*, on met élégamment le participe passé en *us*, *a*, *um.* Je veux vous avertir d'une chose, *unum te monitum volo.*

Il n'importe pas que... ou que... *nihil refert utrùm... an...*

Règle. Quand après *il n'importe pas*, *il importe peu*, *qu'importe*, il y a deux *que*, ou deux *de*, on les tourne par *si*, et on exprime le premier par *utrùm*, et le second par *an* avec le subjonctif.

Exemple. Il ne m'importe pas, que m'importe d'être riche ou pauvre? *tournez*, si je suis riche... *nihil meâ refert, quid meâ refert utrùm dives sim an pauper?* (Au lieu d'*utrùm*, on peut mettre *ne* après le premier mot: *divesne sim an pauper.*)

Après *se mettre peu en peine* (*parùm curare*), les deux *que* s'expriment aussi par *utrùm*, *an*; et si à la place du second *que* il y a ces mots *ou non*, on les exprime par *an non* ou *necne*.

Exemple. Je me mets peu en peine que vous m'écoutiez ou non, *parùm curo utrùm me audias necne.*

OBSERVATION.

A quel temps du subjonctif latin faut-il mettre l'infinitif françois qui suit *de* exprimé par *ut*, *ne*, *an*, *utrùm*, *quin*?

Si le premier verbe est au présent ou au futur, on met en latin le second au présent du subjonctif, et le régime du premier verbe devient le nominatif du second.

Exemples.

Je vous conseille	de lire.	*Tibi suadeo*	*ut legas.*
Je vous conseillerai		*Tibi suadebo*	

Mais si le premier verbe est à l'un des trois parfaits, on met le second à l'imparfait du subjonctif.

EXEMPLES.

Je vous conseillois	de lire.	*Tibi suadebam*	*ut legeres.*
Je vous ai conseillé		*Tibi suasi*	
Je vous avois conseillé		*Tibi suaseram*	

CRAINDRE de *ou* que ne... *timere ne.*

CRAINDRE de ne pas *ou* que ne pas... *timere ut* ou *ne non.*

RÈGLE. Après *craindre*, *appréhender*, *avoir peur*, etc. *de* ou *que* suivi de *ne* seulement s'exprime par *ne* avec le subjonctif.

EXEMPLE. Je crains que le maître ne vienne, *timeo ne præceptor veniat.*

Mais après ces verbes, *que* ou *de*, suivi de *ne pas* ou *ne point*, s'exprime par *ut* ou *ne non.*

EXEMPLE. Je crains que le maître ne vienne pas, *timeo ut præceptor veniat*, ou *ne non præceptor veniat.*

Quand le verbe *craindre* signifie *faire difficulté*, on l'exprime par *dubitare*, avec l'infinitif, et s'il signifie *ne pas oser*, on l'exprime par *non audere. Ex.* Il ne craint pas d'avouer, *tournez*, il ne fait pas difficulté d'avouer, *fateri non dubitat;* je crains de dire, *tournez*, je n'ose dire, *non audeo dicere.*

PRENDRE GARDE de *ou* que ne, *cavere ne.*

RÈGLE. Après les verbes *prendre garde*, *dissuader*, *de* ou *que ne* s'exprime par *ne*, avec le subjonctif.

EXEMPLES. Prenez garde de tomber *ou* que vous ne tombiez, *cave ne cadas.* — Dissuadez-le de partir, *illi dissuade ne proficiscatur.*

Prendre garde, signifiant *avoir soin*, *faire en sorte*, s'exprime par *curare*, *dare operam*, et *que* par *ut*, avec le subjonctif.

EXEMPLE. Prenez garde que tout soit prêt, *c'est-à-dire*, ayez soin que..... *da operam ut omnia sint parata.*

Si *prendre garde* signifie *remarquer*, on l'exprime par *animadvertere*, et le *que* se retranche. *Ex.* Il ne prend pas garde qu'on se moque de lui, *c'est-à-dire*, il ne remarque pas... *Non animadvertit se derideri.*

N'AVOIR GARDE de... se garder bien de... *non committere ut.*

RÈGLE. Après *se garder bien de... n'avoir garde de*, on exprime *de* par *ut*, avec le subjonctif.

EXEMPLE. Je me garderai bien de vous quitter, *non committam ut à te discedam.*

MÉRITER, être digne de *ou* que... *dignum esse ut.*

RÈGLE. Après *mériter*, *être digne*, *de* ou *que* s'exprime par *ut*, avec le subjonctif. *

EXEMPLES. Il mérite de commander, *tournez*, qu'il commande, *dignus est ut imperet;* on dit mieux *dignus est qui imperet.* (*Qui* tient lieu de *ut ille.*) — Il mérite que j'aie pitié de lui, *dignus est ut illius me misereat*, ou *cujus me misereat.* (*Cujus* tient lieu de *ut illius.* — Vous méritez qu'il vous favorise, *dignus es ut tibi faveat*, ou *cui faveat.*

---

* Ut *conjux essem tua digna videbar.* Ovid. *Respondit se meruisse ut.....* Cic. de Orat. 481.

(*Cui* tient lieu de *ut tibi.*) — Il mérite que je l'honore, *dignus est ut eum colam*, ou *quem colam.* (*Quem* tient lieu de *ut eum.*) — Vous méritez qu'il vous rende service, *dignus es ut de te benè mereatur*, ou *de quo benè mereatur.* (*De quo* tient lieu de *ut de te.*)

REMARQUE. *Qui*, *quæ*, *quod*, est employé pour *ut* et un pronom, et il se met au cas où l'on mettroit le pronom; ainsi, quand après *mériter* il n'y a point de pronom qui se rapporte au nominatif du verbe *mériter*, on ne peut pas employer *qui*, *quæ*, *quod*, mais il faut se servir de *ut. Ex.* Vous méritez bien que j'agisse ainsi, *dignus sanè es ut sic agam.*

EMPÊCHER, défendre de *ou* que ne, *prohibere ne.*

Ne pas empêcher, ne pas défendre de *ou* que, *non prohibere quin*, *quominùs.*

RÈGLE. Après les verbes *empêcher*, *défendre*, quand ils ne sont pas accompagnés d'une négation ou d'une interrogation, *de* ou *que ne* s'exprime par *ne* avec le subjonctif, et le régime de la personne sert de nominatif au second verbe.

EXEMPLES. Dieu nous défend de mentir, *tournez*, défend que nous ne mentions, *Deus prohibet ne mentiamur.* — Cela m'a empêché de partir, *id impedivit ne proficiscerer.*

Mais quand il y a une négation ou une interrogation jointe aux verbes *empêcher*, *défendre*, *de* ou *que ne* s'exprime par *quin* ou *quominùs.*

EXEMPLE. Je ne vous empêche pas, qui vous empêche de partir? *tournez*, je n'empêche pas, *ou* qui empêche que vous ne partiez? *non impedio*, *quis impedit quin proficiscaris?*

Après *il ne tient pas à moi, à quoi tient-il? que ne* s'exprime aussi par *quin* avec le subjonctif.

EXEMPLE. Il ne tient pas à moi que vous ne soyez heureux, *per me non stat quin sis beatus.*

Dans cette façon de parler : *je ne puis, je ne saurois m'empêcher, me défendre*, les verbes *s'empêcher, se défendre*, se tournent par *ne pas*, qu'on exprime par *non* avec l'infinitif. *Ex.* Je ne puis m'empêcher de parler, *tournez*, je ne puis ne pas parler, *non possum non loqui;* je ne puis m'empêcher de rire, *tournez*, je ne puis ne pas rire, *non possum non ridere.*

SE RÉJOUIR DE... *ou* que... *gaudere quòd.*

RÈGLE. Après *se réjouir, se repentir, être fâché, avoir honte, s'étonner, être surpris, remercier, savoir bon gré*, etc. *de* ou *que* se tourne par *de ce que*, et s'exprime par *quòd* avec le subjonctif ou l'indicatif.

EXEMPLES. Je me réjouis de vous avoir été utile, *tournez*, de ce que je vous ai été utile, *gaudeo quòd tibi profuerim.* — J'ai honte de ne vous avoir pas encore répondu, *me pudet quòd ad te nondùm rescripserim.*

REMARQUE. Après ces verbes on peut encore retrancher le *que : gaudeo me tibi profuisse.*

ATTENDRE que, *exspectare dùm* ou *donec.*

RÈGLE. Après *attendre, que* se tourne par *jusqu'à ce que*; et s'exprime par *dùm* ou *donec* avec le subjonctif.

EXEMPLE. Attendez que le roi soit arrivé, *exspecta dùm rex advenerit.*

Ne

Ne confondez pas *s'attendre* avec *attendre*. Après *s'attendre*, en latin, *existimare*, *persuasum habere*, on retranche le *que*, et l'on met toujours le verbe suivant au futur de l'infinitif. *Ex.* Je m'attendois que vous m'écririez, *te ad me scripturum esse existimabam.*

Quand *s'attendre* signifie *prévoir*, il s'exprime par *prævidere*, et l'on retranche le *que*. *Ex.* Je m'étois bien attendu qu'il en seroit ainsi, *ità futurum sanè prævideram.*

CELA est cause que, *ea causa est cur.*

RÈGLE. Après *être cause*, *que* s'exprime par *cur* avec le subjonctif.

EXEMPLE. La maladie a été cause que je n'ai pas été vous voir, *morbus causa fuit cur te non inviserim.*

DOUTER que, *dubitare an.*

Ne pas douter que, *non dubitare quin.*

RÈGLE. Quand le verbe *douter* n'est accompagné ni d'une négation, ni d'une interrogation, on tourne *que* par *si*, et on l'exprime par *an* avec le subjonctif.

EXEMPLE. Je doute qu'il se porte bien, *tournez*, s'il se porte bien, *dubito an valeat.*

Mais quand le verbe douter est accompagné d'une négation ou d'une interrogation, on exprime *que* par *quin*. (*Quin* renferme le *ne* françois suivant.)

EXEMPLES. Je ne doute pas qu'il ne se porte bien, *non dubito quin valeat.* — Qui doute que la vertu ne soit aimable? *Quis dubitat quin virtus sit amabilis?*

Ne confondez pas *se douter* avec *douter*; après se douter, *suspicari*, *prævidere*, on retranche le *que*.

Exemple. Je me doutois bien que la chose iroit mal; *c'est-à-dire*, je soupçonnois que... *suspicabar rem malè cessuram*.

Verbes *à l'indicatif dans le françois, qu'il faut mettre au subjonctif latin.*

I.

Vous ne savez pas qui je suis, *en latin*, qui je sois.

Règle. *Qui* ou *quel* interrogatif entre deux verbes, veut le second au subjonctif en latin.

Exemples. Vous ne savez pas qui je suis, *nescis quis ego sim.* — Dites-moi quelle heure il est, *dic mihi quota hora sit.* — Je ne sais lequel des deux a été le plus éloquent, *nescio uter fuerit eloquentior.* — Ecrivez-moi ce que vous faites, *c'est-à-dire*, quelle chose vous faites, *ad me scribe quid agas.* — Ecrivez-moi ce qui se passe là où vous êtes, *c'est-à-dire*, quelle chose se passe... *ad me scribe quid istic agatur.*

Remarque. *Ce qui*, *ce que*, s'exprime par *quid* quand on peut le tourner par *quelle chose*, comme dans l'exemple précédent; mais *ce qui*, *ce que*, s'exprime par *quod* quand on ne peut pas le tourner par *quelle chose*, parce qu'alors il n'est pas interrogatif.

Exemple. Il a fait ce que je lui avois commandé, *fecit quod ei præceperam.*

II.

Les adverbes de lieu, *ubi*, *quò*, *quà*, *undè*, et les conjonctions, *cur*, *quare*, *quomodò*, *an*, *utrùm*, etc. entre deux verbes, veulent le second au subjonctif en latin.

Exemples. Je voudrois savoir où vous êtes, *scire velim ubi sis;* d'où vous venez, *undè venias;* où vous allez, *quò eas.* — S'il a de quoi vous payer, *si habuerit undè tibi solvat.* — Interrogée pourquoi elle disoit cela, *interrogata cur hoc diceret.*

III.

Combien, entre deux verbes, veut toujours le second au subjonctif en latin.

Exemples. Vous voyez combien je vous aime, *vides quantùm te amem.* — Je dirai en peu de mots combien la science est utile, *quàm utilis sit scientia breviter proloquar.*

Il y a beaucoup d'autres conjonctions après lesquelles le verbe latin se met au subjonctif; nous en avertirons dans l'occasion.

Qui interrogatif, devant un futur de l'indicatif et un imparfait du subjonctif, veut le verbe au présent du subjonctif en latin : Qui croira? *Quis credat?* Qui n'admireroit pas cette action? *Quis non illud factum miretur?*

A quel temps faut-il mettre le verbe latin après les mots qui veulent le subjonctif, comme ut, ne, an, quin, etc.?

I.

Mettez tous les temps de l'indicatif françois aux mêmes temps du subjonctif latin, excepté les deux futurs.

Exemples.

Je ne sais	ce que vous faites,	nescio	*quid agas.*
	ce que vous faisiez,		*quid ageres.*
	ce que vous avez fait,		*quid egeris.*
	ce que vous aviez fait,		*quid egisses.*

Le futur de l'indicatif après *quin*, *an*, etc., se met

au participe du futur en *rus*, *ra*, *rum*, pour l'actif; en *dus*, *da*, *dum*, pour le passif, avec *sim*, *sis*, *sit*.

EXEMPLES. Je ne sais s'il écoutera, *nescio an auditurus sit*; s'il sera écouté, *an audiendus sit*.

Si le verbe latin n'a pas de participe du futur, mettez simplement le présent du subjonctif, en y joignant quelque adverbe qui marque le futur.

EXEMPLE. Je ne sais s'il se repentira, *nescio an illum unquàm pœniteat*.

II.

Si le verbe françois est au subjonctif, et qu'il marque l'avenir, mettez en latin le participe du futur, avec *sim*, *sis*, *sit*, pour exprimer le présent du subjonctif; avec *essem*, *esses*, *esset*, pour l'imparfait; avec *fuissem*, *fuisses*, *fuisset*, pour le plus-que-parfait du subjonctif.

Prés. Subj. EXEMPLES. Je doute que le roi vienne bientôt, *dubito an rex brevi venturus sit*.

Imp. Subj. Je ne savois si le roi viendroit, je doutois que le roi vînt bientôt, *nesciebam an*, *dubitabam an brevi rex venturus esset*.

Plus- …e-par. Subj. Je ne sais si le roi seroit venu; je doute que le roi fût venu, *nescio an rex*, *dubito an rex venturus fuisset*.

Quand le verbe qui est au subjonctif, ne marque pas l'avenir, ou qu'il n'a pas de participe du futur en latin, mettez les temps du subjonctif françois aux mêmes temps du subjonctif latin.

EXEMPLES. Je doute qu'il se repente jamais, *dubito an illum unquàm pœniteat*. — Je ne sais s'il se repentiroit, *nescio an illum unquàm pœniteret*. — Je ne sais s'il se seroit repenti, *nescio an illum pœnituisset*.

Le futur passé après *ne pas savoir si*, et le parfait

du subjonctif après *douter que*... se mettent au parfait du subjonctif, quand ils marquent le passé.

EXEMPLE. Je ne sais s'il aura soupé, je doute qu'il ait soupé de si bonne heure, *nescio an, dubito an tam maturè cœnaverit.*

Mais si ces deux temps marquent l'avenir, ce qui arrive quand ils sont suivis de *lorsque*, mettez-les au futur en *rus*, *ra*, *rum*, ou *dus*, *da*, *dum*, avec *sim*, *sis*, *sit*, en changeant *lorsque* par *avant que*.

EXEMPLE. Je ne sais s'il aura terminé, je doute qu'il ait terminé l'affaire lorsque vous viendrez ici, *nescio an, dubito an priùs rem confecturus sit quàm hùc venias*, c'est-à-dire s'il terminera avant que vous veniez. *

Verbes au passif dans le françois, qu'il faut tourner par l'actif en latin.

Je suis favorisé de la fortune, *tournez*, la fortune me favorise.

RÈGLE. Quand un verbe au passif dans le françois est neutre ou déponent en latin, il faut tourner le passif en actif, et pour cela on prend le régime pour en faire le nominatif, et le nominatif pour en faire le régime.

EXEMPLES. Je suis favorisé de la fortune, *mihi favet fortuna.* (*Faveo* n'a point de passif.) — Il est admiré de tout le monde, *tournez*, tout le monde l'admire, *illum omnes admirantur.*

REMARQUE. S'il n'y a point de régime dont on puisse faire le nominatif, mettez le verbe à la troisième

---

* Si le verbe latin est au passif, on peut mettre le participe passé avec *futurus*, *a*, *um*, *sim*, *sis*, *sit*. Exemple de Cicéron, *liv.* 6. *epit.* 13. « Je ne doute pas que l'affaire n'ait été réglée » lorsque vous lirez cette lettre, *non dubito quin te legente has* » *litteras, confecta jam res futura sit.* » Il paraît que les Latins évitoient ce tour de phrase.

personne du pluriel (en sous-entendant *homines*).

Exemple. Cicéron était admiré quand il parloit, *admirabantur Ciceronem quùm diceret.*

Verbes à l'actif dans le françois, qu'il faut tourner par le passif en latin.

Il faut changer l'actif en passif quand il y a *amphibologie*, c'est-à-dire, quand après un *que* retranché le nominatif françois et le régime seroient mis tous deux à l'accusatif latin, sans que l'on pût distinguer l'un et l'autre; alors on tourne par le passif, en prenant le régime direct pour en faire le nominatif, et le nominatif pour en faire le régime.

Exemple. Vous dites que Pierre aime Paul; vous ne pouvez pas mettre, *dicis Petrum amare Paulum*, parce qu'on ne sauroit qui est celui qui aime; si c'est Pierre qui aime Paul, ou si c'est Paul qui aime Pierre; il faut donc changer l'actif en passif de cette manière: vous dites que Paul est aimé de Pierre, *dicis Paulum à Petro amari.*

On change encore l'actif en passif avec le pronom françois *on*, *l'on*, comme nous allons le voir dans le chapitre suivant.

CHAPITRE SECOND.

DES PRONOMS.

I.

Pronom françois qui manque en latin, on, l'on.

Il y a deux manières de rendre en latin *on*, *l'on.*

Première Manière.

On aime la vertu, *tournez*, la vertu est aimée.

RÈGLE. Le verbe qui suit *on*, *l'on*, est-il actif? *tournez* par le passif.

EXEMPLE. On aime la vertu, *virtus amatur.*

Si le verbe n'a point de régime dont on puisse faire le nominatif du verbe passif, mettez ce verbe à la troisième personne du singulier passif; plusieurs verbes neutres même ont cette troisième personne.

EXEMPLES. Non-seulement on ne porte pas envie aux jeunes gens, mais on leur est même favorable, *adolescentibus non modò non invidetur, verùm etiam illis favetur.* — On raconte, *narratur;* on rapporte; *fertur;* on va, *itur;* on est venu, *ventum est.*

SECONDE MANIÈRE.

On admire la vertu, *admirantur virtutem.*

Mettez le verbe qui suit *on*, *l'on*, à la troisième personne du pluriel, ce qu'il faut toujours faire quand ce verbe est neutre ou déponent en latin.

EXEMPLES. On admire la vertu, (*homines*) *admirantur virtutem.* — On hait celui que l'on craint, *oderunt quem metuunt.* — On dit, *aiunt*, *ferunt*, *memorant*, *perhibent.*

REMARQUE. Devant les impersonnels, *pœnitet*, *pudet*, *tœdet*, *miseret*, *piget*, il faut exprimer le mot *homines* : on se repent d'avoir mal vécu, *homines pœnitet malè vixisse.*

Si le verbe qui suit *on*, est accompagné d'une négation, on tourne par *personne ne*, *nemo*, et le verbe se met à la troisième personne du singulier.

EXEMPLE. On ne peut être heureux sans la vertu, *tournez*, personne ne peut... *nemo sine virtute potest esse beatus.*

Quand on, *lorsqu'on*, se tournent par *celui qui*, *ceux qui.*

EXEMPLE. Quand on désire le bien d'autrui, on perd justement le sien, *tournez*, celui qui désire..... *qui bonum alienum appetit, meritò amittit proprium.*

Si on, si l'on, se tournent par *si quelqu'un, si quis.*

EXEMPLE. Si l'on vous demande, *si quis te interroget.*

REMARQUE. On ne dit pas *si aliquis*, mais *si quis;* après *si, nisi, ne, nùm, sive, quò*, on retranche *ali* dans les mots qui commencent ainsi : *si quandò*, pour *si aliquandò*, *ne quandò*, etc.

On voit, on trouve des gens qui... s'exprime par *videas, reperias qui... videre est, reperire est qui...* et le verbe suivant se met au subjonctif. *Ex.* On voit des gens qui aspirent aux honneurs, *videas homines qui honores appetant.*

ON DIT que... on croit que... il semble, il paraît que...

On dit, on croit, etc. s'expriment en latin de deux manières :

1.° *Personnellement*, en prenant le nominatif du second verbe, pour en faire le nominatif des verbes *on dit, on croit*, etc.

EXEMPLES. On dit que les cerfs vivent très-longtemps, *tournez*, les cerfs sont dits vivre..... *cervi dicuntur diutissimè vivere.* — Il paroît que vous êtes malade, *tournez*, vous paraissez être malade, *videris ægrotare.*

2.° *Impersonnellement*, en tournant par la troisième personne du singulier passif, *il est dit que..... il est cru que...* alors le *que* se retranche.

EXEMPLE. On dit que les cerfs vivent très-longtemps, *tournez*, il est dit que les cerfs....... *dicitur cervos diutissimè vivere.*

REMARQUE. On exprime toujours de cette seconde manière *on dit*, *on croit*, quand ils sont suivis d'un verbe impersonnel.

EXEMPLE. On dit que vous vous repentez de votre faute, *tournez*, il est dit que vous... *dicitur te tuæ culpæ pœnitere.*

Observations sur le Verbe françois ON ENSEIGNE.

Pour tourner ce verbe par le passif, il faut faire attention à la signification du verbe latin *doceri*, qui veut dire *être instruit*; comme cela ne peut se dire que d'une personne, et non pas d'une chose, le verbe passif *doceor* veut toujours pour nominatif le nom de la personne.

EXEMPLES. On enseigne la grammaire aux enfans, *tournez*, les enfans sont instruits sur la grammaire, *pueri docentur (ad) grammaticam.* — Les enfans à qui l'on enseigne la grammaire, *tournez*, les enfans qui sont instruits sur la grammaire, *pueri qui docentur grammaticam.* — La grammaire que l'on enseigne aux enfans, *tournez*, la grammaire sur laquelle les enfans sont instruits, *grammatica quam pueri docentur.* (*Tournez de même cette phrase*: la grammaire qui est enseignée aux enfans.)

II.

Pronoms françois que l'on exprime d'une manière différente en latin.

Il, *le*, *la*, *lui*, *leur*, qu'il faut quelquefois tourner en latin par *soi*, *à soi*, etc. et exprimer par *suî*, *sibi*, *se*.

Le renard dit qu'il n'étoit pas coupable, *tournez* dit soi n'être pas......

RÈGLE. Quand les pronoms *il*, *elle*, *le*, *la*, *lui*, *leur*, après un *que* retranché ou exprimé, se rapportent au nominatif du premier verbe, on les exprime par *suî*, *sibi*, *se*.

Pour connoître si ces pronoms se rapportent au nominatif du verbe, faites l'interrogation suivante: *qui il? qui elle?*

EXEMPLES. Le renard dit qu'il n'étoit point coupable de la faute; *qui il?* Réponse, *le renard.* Quand le mot de la réponse est le même que le nominatif du premier verbe, exprimez *il* par *se*; ainsi dites, *vulpes negavit se esse culpæ proximam.* — Diogène ordonna qu'on le jetât à la voirie, *qui le?* Réponse, *Diogène.* Comme le mot de la réponse est le même que le nominatif du verbe, dites, *Diogenes jussit se projici inhumatum.* — Ce philosophe disoit qu'il lui importoit peu: *qui lui?* Réponse, *le philosophe. Hic philosophus dicebat suâ parvi referre.* — Mais je crois qu'il mentoit: *qui il?* Réponse, *ce philosophe.*

Quand le mot de la réponse n'est pas le même que le nominatif du verbe, exprimez *il* par *ille*, *illa*, *illud*; ainsi dites, *at credo illum mentitum fuisse.* (*Il*, *elle*, etc. ne peuvent jamais se rapporter à un nominatif de la première ou de la seconde personne.)

SON SA, SES, LEUR, LEURS, qu'il faut quelquefois tourner en latin par *de lui*, *d'elle*, *d'eux*, *d'elles*, et exprimer par *ejus*, *eorum*, *earum*.

I.

Son, *sa*, *ses*, *leur*, *leurs*, après un seul verbe.

Pater amat *suos liberos.*

RÈGLE. *Son*, *sa*, *ses...*, après un seul verbe, s'expriment par *suus*, *sua*, *suum*, quand ils se rapportent au nominatif de ce verbe.

Pour connoître s'ils se rapportent au nominatif du verbe, faites l'interrogation : *De qui.*

Exemple. Un père aime ses enfans : les enfans *de qui?* Réponse, *du père.*

Quand le mot de la réponse est le même que le nominatif du verbe, servez-vous de *suus*, *sua*, *suum*; ainsi dites : *pater amat suos liberos.*

Quand le mot de la réponse n'est pas le nominatif du verbe, exprimez *son*, *sa*, *ses*, par *ejus*; *leur*, *leurs*, par *eorum*, *earum.*

Exemple. Mais il n'aime pas leurs défauts : les défauts *de qui?* Réponse, *des enfans.* Comme ce mot, *enfans*, n'est pas le nominatif du verbe, dites *at eorum vitia odit.*

Cependant quand le verbe est de la première ou de la seconde personne, on se sert de *suus*, *a*, *um*, pourvu qu'il se rapporte à un second régime.

Exemple. J'ai rendu à César son épée, *suum Cæsari gladium restitui.*

II.

Son, *sa*, *ses*, *leur*, *leurs*, après deux verbes.

Règle. Quand *son*, *sa*, *ses*, etc. sont après deux verbes, on les exprime par *suus*, *sua*, *suum*, pourvu qu'ils se rapportent au nominatif de l'un des deux verbes.*

Exemples. La mère vous prie de pardonner à son fils, *c'est-à-dire*, que vous pardonniez, *mater te*

---

* A moins que les verbes ne soient tous deux de la troisième personne : car alors il faut que *son*, *sa*..... se rapportent au nominatif du verbe principal, c'est-à-dire, de celui qui gouverne l'autre, pour éviter l'ambiguité.

orat ut filio ignoscas suo. (*Son* ici se rapporte au nominatif du premier verbe.) — J'écris à mon ami de me confier son affaire, *c'est-à-dire*, qu'il me confie, *ad amicum scribo ut mihi negotium committat suum.* (*Son* ici se rapporte au nominatif du second verbe.)

Mais on exprime *son*, *sa*, *ses*, par *ejus* ou *illius*; *leur*, *leurs*, par *eorum*, *earum*, quand ils ne se rapportent ni à l'un, ni à l'autre de ces deux nominatifs.

Exemple. Je vous prierai de prendre ses intérêts, *te rogabo ut illius commodis inservias.* (*Son*, *sa*, *ses*, ne peuvent jamais se rapporter à un nominatif de première ou de seconde personne.)

III.

Son, *sa*, *ses*, *leur*, *leurs*, au commencement d'une phrase.

Ejus indoles est optima.

I.re Règle. *Son*, *sa*, *ses*, au commencement d'une phrase, s'expriment par *ejus* ou *illius*; *leur*, *leurs* par *eorum*, *earum*, quand ils ne se rapportent pas au régime du verbe suivant.

Exemple. Son caractère est excellent, *tournez*, le caractère de lui..... *ejus indoles est optima.*

Sua eum commendat modestia.

II.e Règle. *Son*, *sa*, *ses*, même au commencement d'une phrase, s'expriment par *suus*, *sua*, *suum*, quand ils se rapportent au régime du verbe suivant; ce qui arrive lorsqu'ils sont suivis de *le*, *la*, *les*, ou précédés d'un *que* relatif.

Exemples. Sa modestie le rend recommandable, *sua eum commendat modestia.* — L'enfant que sa modestie rend recommandable, *puer quem sua commendat modestia.*

On ajoute en latin *suus, a, um*, au nominatif, quand le nominatif françois est suivi d'un génitif, et de *le, la; les.*

Exemple. L'ambition de cet homme le perdra, *tournez*, son ambition perdra cet homme, *sua hominem perdet ambitio.*

1.° Tel que....., telle que, *is qui, ea quæ.*

Règle. *Tel, telle que*, se tournent en latin par *celui, celle que*, et s'expriment *tel, telle*, par *is, ea, id*, et *que*, par *qui, quæ, quod*, que l'on met au nominatif devant *sum*, etc., *sim*, et à l'accusatif devant *esse*, mis pour un *que* retranché.

Exemples. Je ne suis pas tel que vous, *tournez*, je ne suis pas celui lequel vous êtes, *non is sum qui tu* (sous-entendu *es*). On peut dire aussi, *non sum talis qualis tu.* — Il n'est pas tel que vous pensez, *tournez*, il n'est pas celui lequel vous pensez qu'il est, *non is est quem putas* (sous-entendu *eum esse*). *Quem* est à l'accusatif à cause du *que* retranché.

2.° *Tel*, quand il n'est pas suivi de *que*, s'exprime par *is* ou *talis.*

Exemple. Tel a été mon père, *is* ou *talis fuit pater meus.*

3.° Lorsque *tel*, au commencement d'une phrase, est suivi de *qui*, on tourne *tel* par quelques-uns, *quidam*, ou par il y en a qui... *sunt qui.*

Exemple. Tel rit aujourd'hui qui pleurera demain, *tournez*, quelques-uns rient... *quidam hodiè rident qui cras flebunt.*

TEL répété, *qui..... is.*

4.° Quand tel est répété, le premier s'exprime par *qui*, *quæ*, *quod*, et le second par *is*, *ea*, *id*; ou bien le premier par *qualis*, et le second par *talis.*

EXEMPLE. Tel père, tel fils, *qui pater est*, *is est filius*, ou *qualis pater est*, *talis filius*; c'est comme s'il y avoit, le fils est tel que le père; mais la phrase est renversée.

5.° Quand *tel* suivi de *que* ne peut pas se tourner par *le même* ou *semblable*, on exprime *que* par *ut* avec le subjonctif.

EXEMPLES. La libéralité doit être telle qu'elle ne nuise à personne, *ea esse debet liberalitas*, *ut nemini noceat.* — La force de la vertu est telle que nous l'aimons même dans un ennemi, *ea vis est probitatis*, *ut illam vel in hoste diligamus.*

Quand *tel* peut se tourner par de *cette sorte*, on l'exprime par *hujus modi* en bonne part, et *istius modi* en mauvaise part. *Ex.* Qui n'aimeroit de tels enfans? *Quis hujus modi puerulos non amet?* Qui ne haïroit de tels gens? *Quis istius modi homines non oderit?*

1.° LE MÊME que, *idem qui*, ou *ac*, *atque.*

RÈGLE. *Le même*, *la même*, s'expriment par *idem*, *eadem*, *idem*, et *que* par *qui*, *quæ*, *quod*, que l'on met au cas du verbe suivant.

EXEMPLES. Vous n'êtes pas le même à mon égard que vous avez été autrefois, *non idem es erga me qui fuisti olim.* — Ma mère n'est pas aujourd'hui la même que je l'ai vue autrefois, *non eadem est hodiè mater mea*, *quam vidi olim* (sous-entendu *eam esse*). — Je me sers des mêmes livres que vous, *iisdem libris utor, quibus tu* (sous-entendu *uteris*).

Remarque. *Le même* devant un nom ou pronom, s'exprime par *idem*: le même homme, *idem homo*.

Même, après un nom ou pronom, s'exprime par *ipse, ipsa, ipsum*: l'homme même, *homo ipse*; moi-même, *ego ipse*; vous-même, *tu ipse*. *

2.° *Ne pas même* s'exprime par *ne quidem*, que l'on sépare en mettant un mot entre *ne* et *quidem*.

Exemple. Je ne l'ai pas même vu, *eum ne vidi quidem*.

3.° *De même que si*, signifiant *comme si*, s'exprime par *non secùs ac..., perindè ac..., tanquàm*.

Exemple. Je l'aime de même que s'il était mon frère, *illum perindè amo ac si esset frater meus*.

4.° *De même*, non suivi de *que*, se rend par *item*. Il n'en est pas de même des Romains, *non item de Romanis*. *Et même* s'exprime par *imò........ quin etiam*.

I. Autre, autrement que... *alius, aliter quàm..... ac..... atque.....*

Règle. *Autre* s'exprime par *alius, alia, aliud*, et *que* par *quàm, ac, atque*.

Exemples. Il n'est pas autre qu'il étoit autrefois, *non alius est quàm erat olim*; on n'exprime pas *ne*

---

* Quand le pronom *même* se rapporte au nominatf du verbe, on met toujours le pronom au nominatif, quoiqu'en françois, il soit joint au régime. *Ex.* L'avare se nuit à lui-même, *avarus sibi ipse nocet*. Mais si *même* ne se rapporte pas au nominatif, on le fait accorder avec le régime: le temps ronge le fer même, *vetustas ferrum ipsum exedit*.

après *autre.* — Il parle autrement qu'il ne pense, *aliter loquitur ac* ou *atque sentit.* *

II. *Tout autre* signifiant *quelqu'autre que ce soit*, s'exprime par *quivis alius*, *quilibet alius;* tout autrement, *longè aliter;* et *que* par *ac*, *atque.*

Exemple. Tout autre peuple que le peuple romain eût perdu courage, *quivis alius populus ac romanus despondisset animum.*

Mais si *tout autre* signifie *tout différent*, il s'exprime par *longè alius.*

Vous êtes tout autre que vous n'étiez, *c'est-à-dire* tout différent, *longè alius es atque eras.*

III. Après *lequel des deux* (en latin *uter*), *autre* s'exprime aussi par *uter*, *utra*, *utrum.*

Exemple. Examinez lequel des deux a dressé des embûches à l'autre, *quære uter utri insidias fecerit.*

IV. *L'un... l'autre*, *les uns... les autres*, quand on parle de plus de deux, s'expriment par *alius*, *alia*, *aliud*, que l'on répète.

Exemple. Les uns jouent, les autres chantent, *alii ludunt*, *cantant alii.*

Mais si l'on ne parle que de deux, on se sert de *alter répété*, ou de *unus alter.*

Exemple. L'un dit oui, l'autre dit non, *alter* ou *unus ait*, *negat alter.*

V. Quand *l'un* est répété, et *l'autre* aussi répété, on les tourne par l'adjectif *différent*, et on les traduit par *alius*, *alia*, *aliud*, de cette manière.

Exemples. Les uns aiment une chose, les autres une autre, *tournez*, différentes personnes aiment différentes choses, *alii aliis rebus delectantur.* —

---

* Au lieu de *quàm ac*, on répète quelquefois *alius*, *aliter.* Il parle autrement qu'il ne pense, *aliter loquitur*, *aliter sentit.*

Les uns s'en allèrent d'un côté, les autres de l'autre, *alii aliò dilapsi sunt.*

VI. *Ni l'un ni l'autre* (quand le nominatif est un pronom) s'exprime par *neúter*, *neutra*, *neutrum*; *l'un*, *l'un l'autre* par *uterque*, *utraque*, *utrumque*; et ils sont ordinairement suivis de *alter*, *altera*, *alterum*, et alors on n'exprime pas *se.*

Exemples. Ils ne s'aiment ni l'un ni l'autre, *neuter alterum amat.* — Ils se haïssent l'un l'autre, *uterque alterum odit.*

VII. *L'un des deux*, *l'un ou l'autre*, s'expriment par *alteruter*, *alterutra*, *alterutrum.*

Exemple. Je vous enverrai l'un ou l'autre, *alterutrum ad te mittam.*

VIII. *L'un après l'autre* s'exprime par *singuli*, *singulæ*, *singula.*

Exemple. Il se mit à les manger l'un après l'autre, *cœpit vesci singulis.*

IX. *Le premier*, *le second*, quand on ne parle que de deux, s'expriment, *le premier* par *prior*, et *le second* par *posterior* ou par *alter* répété.

Exemple. Le premier rioit toujours, le second pleuroit sans cesse, *prior semper ridebat*, *posterior indesinenter flebat.*

Mais si l'on parle de plus de deux, servez-vous de *primus*, *secundus.*

Celui-ci, *celui-là*, s'expriment, *celui-ci* par *hic*, *celui-là* par *ille.*

Exemple. Celui-ci rioit toujours, celui-là pleuroit sans cesse, *hic semper ridebat*, *ille indesinenter flebat.*

X. *Celui des deux qui*, s'exprime par *uter*, *utra*, *utrum.*

EXEMPLE. Celui des deux qui se dédira, payera l'amende, *uter demutaverit, pecuniâ mulctabitur.*

QUEL, QUELLE, suivis de que, *quicumque, quantuscumque.*

RÈGLE. *Quel, quelle que*, s'expriment par *quicumque, quæcumque*, et si la chose peut se dire grande, par *quantuscumque, quantacumque*..... qui renferme *que*, et veut ordinairement le subjonctif.

EXEMPLE. Quelle que soit sa mémoire, il oublie cependant bien des choses, *quantacumque sit ejus memoria, multa tamen obliviscitur.*

Qui que ce soit qui..... s'exprime par *quicumque.... quilibet*..... et si l'on ne parle que de deux, c'est par *utercumque, utracumque.*

EXEMPLE. Qui que ce soit des deux partis qui remporte la victoire, nous périrons, *utracumque pars vicerit, tamen perituri sumus.*

QUELQUE QUE..... suivi d'un nom.

I.

Si c'est un nom de choses qui ne se comptent pas, on l'exprime par *quicumque..... qualiscumque*..... et si la chose peut se dire grande, par *quantuscumque, quantacumque*, etc.

EXEMPLE. Quelque parti que vous preniez, *quodcumque consilium capias.*

II.

Si c'est un nom de choses qui se comptent, on exprime *quelque que*... par *quotcumque* ou *quantùmvis multi, æ, a.*

EXEMPLE. Quelques services que vous rendiez à un ingrat, vous ne lui en rendrez jamais assez, *quotcumque apud ingratum officia posueris, nunquàm satis multa contuleris.*

QUELQUE que... suivi d'un adjectif.

Si *quelque que...* est suivi d'un adjectif, d'un adverbe ou d'un participe, on l'exprime par *quantùmvis*, et si c'est le participe d'un verbe de prix, par *quanticumque*.

EXEMPLES. Quelque savant qu'il soit, il ignore cependant bien des choses, *quantùmvis sit doctus, multa tamen ignorat.* — Quelque estimable que soit la science..... *quanticumque æstimanda sit doctrina...*

Quelque grand que... s'exprime par *quantuscumque, quantacumque.....;* et *quelque petit que*, par *quantuluscumque, quantulacumque.*

PRONOMS *françois qui ne s'expriment pas en latin.*

I.

Je crois qu'il faut, *tournez*, je crois falloir.

RÈGLE. *Il* devant un impersonnel ne s'exprime pas, excepté devant *pœnitet, piget, pudet, tædet, miseret.*

EXEMPLES. Je crois qu'il faut, *credo oportere.* — Vous savez qu'il est honteux de mentir, *scis mentiri turpe esse.*

II.

Quand *celui, celle* ou *ceux*, suivis d'un génitif, sont employés pour un nom précédent, on ne se sert pas de *ille*, *illa*, *illud;* mais on répète le nom qui précède.

Exemples. Les qualités de l'âme sont bien préférables à celles du corps, *animi dotes corporis dotibus longè præstant.* — La vie des hommes est plus courte que celle des corneilles, *brevior est vita hominum quàm cornicum vita.* (On peut ne pas répéter le nom, quand il doit être mis au même cas, et dire, *brevior est hominum quàm cornicum vita.*)

III.

Dans les phrases suivantes : *c'est ainsi que*, *est-ce ainsi que...*, on n'exprime ni *c'est*, ni *que.*

Exemples. C'est ainsi qu'il parla, *tournez*, il parla ainsi, *sic locutus est.* — Est-ce ainsi que vous défendez vos amis? *tournez*, défendez-vous ainsi...? *Siccine tuos amicos defendis?* — C'est vous-même que je cherche, *te ipsum quæro.*

IV.

Ce n'est pas que, se rend en latin par *non quòd;* *mais c'est que*, par *sed quòd.*

Exemple. Ce n'est pas que j'approuve; mais c'est que... *non quòd approbem*, *sed quòd...*

S'il suit un comparatif, rendez *ce n'est pas que*, par *non quò... sed quò...* Ce n'est pas que l'un me soit plus cher que l'autre, *non quò mihi sit alter altero carior.*

S'il suit une négation, par *non quin...* Ce n'est pas que je ne pense, *non quin existimem.*

V.

Ce n'est pas à dire pour cela que... Est-ce à dire pour cela que... se rendent par *non continuò*, *non ideò...*, *an continuò*, *an ideò...*

Exemple. Quoique j'aie salué des méchans, ce

n'est pas à dire pour cela que je sois méchant, *quamvis improbos salutaverim, non continuò sum improbus.*

VI.

Ce qui ou *ce que*, suivis de *c'est* et d'un nom, ne s'expriment pas en latin.

Exemple. Ce qui me chagrine le plus, c'est la mauvaise santé de mon père, *tournez*, la mauvaise santé de mon père me chagrine le plus, *valetūdo patris me potissimùm sollicitat.*

Ce qui, *ce que*, s'expriment par *illud*, quand ils sont suivis de *c'est que.*

Exemples. Ce que j'espère, c'est que je vivrai éternellement, *illud spero, me futurum immortalem.* (Après *espérer*, on retranche le *que.*) — Ce que je crains, c'est que....., *illud vereor ne.* (Après *craindre*, le *que* s'exprime par *ne.*) — Ce dont je doute, c'est que...., *illud dubito an.* (Après *douter* le *que* s'exprime par *an.*) — Ce qui me console, c'est que..., *illud me consolātur quòd...*

VII.

C'est, devant un infinitif suivi de *que de*, se tourne par *celui qui.*

Exemple. C'est se tromper que de croire... *tournez*, celui qui croit.... se trompe, *errat, qui putat.*

CHAPITRE TROISIÈME.

DES PARTICIPES.

Participes françois qui manquent en latin.

I. Le verbe latin *Sum* n'a ni le participe du présent *étant*, ni le participe du passé *ayant été*; on se sert des conjonctions *lorsque*, *après que*, *puisque*, *quùm*, *postquàm*.

EXEMPLES. Cicéron étant consul, la conjuration fut découverte, *tournez*, lorsque Cicéron étoit consul, la conjuration fut découverte, *quùm Cicero esset consul, detecta fuit conjuratio*.* — Cicéron ayant été consul, fut néanmoins envoyé en exil, *tournez*, après que Cicéron eut été consul..... *Cicero, postquàm fuisset consul, tamen in exilium actus est.*

II. Le participe passé actif, comme *ayant aimé*, manque en latin (excepté dans les verbes déponens); on le tourne par *lorsque*, *puisque*.

EXEMPLE. Un rat ayant rencontré un éléphant, *mus elephanto quùm fuisset obvius.*

III. Le participe passé du passif manque en latin quand le verbe est neutre, et souvent quand il est déponent; alors on tourne par l'actif, et l'on se sert des conjonctions *quùm*, *postquàm*.

EXEMPLES. Etant favorisé de Dieu, il vint à bout de son entreprise, *quùm Deus ei favisset, consilium perfecit suum.* — Ayant été poursuivi des voleurs, il s'échappa, *quùm latrones eum persecuti essent, evasit.*

Participes françois qui s'expriment en latin par une préposition et un nom.

Ayant autant de prudence, *tournez*, eu égard à votre prudence.

RÈGLE. *Ayant autant de...* avec un nom, *étant aussi....* avec un adjectif, se tournent en latin par *eu égard à...*, *pro* avec l'ablatif du nom.

---

* On peut aussi mettre les deux noms à l'ablatif, et dire: *Cicerone consule, detecta fuit conjuratio.* (On sous-entend *sub.*)

Exemple. Ayant autant de prudence que vous en avez, étant aussi prudent que vous l'êtes, *pro tuâ prudentiâ.*

Remarque. On peut encore tourner, *quelle est votre prudence*, et dire, *quæ tua est prudentia.*

CHAPITRE QUATRIÈME.

DES ADVERBES.

I.

Que *adverbe.*

Que tardez-vous? *tournez*, pourquoi tardez-vous?

Le *que* interrogatif adverbe se tourne par *pourquoi*, et s'exprime par *quid* ou *cur*; mais s'il est suivi d'une négation, on tourne par *pourquoi ne*, et l'on exprime par *quin* ou *cur non.*

Exemples. Que tardez-vous? *quid* ou *cur moraris?* — Que n'accourez-vous ici? *quin* ou *cur non hùc advolas?*

Si le *que* interrogatif peut se tourner par *combien*, on l'exprime avec un verbe de prix par *quanti.*

Exemple. Que vous a coûté cette maison? *tournez*, combien vous a coûté..., *quanti tibi constitit hæc domus?*

II.

Que *de désir.*

Que ne puis-je! que je voudrois, *utinàm!*

Le *que* de désir se connoît lorsqu'on peut le tourner par *plaise à Dieu que...*, et se rend en latin par *utinàm*, avec le subjonctif, sans exprimer *ne.*

EXEMPLE. Que ne puis-je vous entretenir ! *utinàm tecum loqui possim !*

III.

Ne que signifiant seulement, *solummodò.*

Ne que, signifiant seulement, se rend en latin par *solummodò*, ou par *solus*, *sola*, *solum*, que l'on fait accorder avec le nom qui suit.

EXEMPLE. La louange n'est due qu'à la vertu, *c'est-à-dire*, est due seulement... *laus virtuti solummodò debetur;* ou bien est due à la seule vertu. *Laus soli virtuti debetur.*

Si *ne que* signifie *rien autre chose que*, on exprime *rien autre chose* par *nihil aliud*, et *que* par *nisi* ou *quàm.*

EXEMPLE. Il n'a pris que sa robe, *c'est-à-dire*, rien autre chose que..... *nihil aliud nisi togam sumpsit.*

IV.

QUE entre deux négations.

Si *que* entre deux négations est relatif, *c'est-à-dire*, s'il est précédé d'un nom auquel il se rapporte, on l'exprime par *qui*, *quæ*, *quod*, et on le met au cas du verbe.

EXEMPLE. Le sage n'assure rien qu'il ne prouve, *sapiens nihil affirmat quod non probet.*

Mais s'il est adverbe, on l'exprime par *quin*, *nisi*, *priùsquàm* avec le subjonctif.

EXEMPLE. Je ne partirai pas d'ici que je ne vous aie vu, *non hinc proficiscar quin*, ou *nisi*, ou *priùsquàm te viderim.*

V.

QUE *d'admiration.*

Le *que* d'admiration se connoît quand il peut se tourner

tourner par *combien ;* et il s'exprime de même que *combien.*

REMARQUE. Lorsque le *que* d'admiration ou l'adverbe *combien* est joint au mot *grand*, on l'exprime par *quantus*, *quanta*, *quantum.*

EXEMPLE. Que ma joie seroit grande! *quanta esset mea lætitia!*

Lorsqu'il est joint au mot *petit*, on l'exprime par *quantulus*, *quantula*, *quantulum :* Que cette classe est petite! *quantula est hæc schola!* *

ADVERBES DE QUANTITÉ.

Les adverbes de quantité s'expriment de différentes manières en latin, selon les différens mots auxquels ils sont joints.

I.

Que *ou* combien d'eau, *quantùm aquæ.*

Devant un nom de choses qui ne se comptent pas,

ON EXPRIME :

Que *ou* combien,	PAR	*Quantùm*,	avec le génitif.
Peu,		*Parùm*,	
Beaucoup,		*Multùm*,	
Moins,		*Minùs*,	
Plus,		*Plùs*,	
Autant, tant,		*Tantùm*,	
Assez,		*Satis*,	
Trop,		*Nimis*, *nimiùm*,	

* Après un *que* d'admiration, la négation françoise ne s'exprime pas en latin. *Ex.* Que de malheurs n'a-t-il pas essuyés! *quot et quantas calamitates hausit!*

Exemples.

Que *ou* combien d'eau,	*Quantùm aquæ.*
Peu d'eau, *	*Parùm aquæ.*
Beaucoup d'eau,	*Multùm aquæ.*
Moins d'eau,	*Minùs aquæ.*
Plus d'eau,	*Plùs aquæ.*
Tant, autant d'eau,	*Tantùm aquæ.*
Assez d'eau,	*Satis aquæ.*
Trop d'eau,	*Nimis, nimiùm aquæ.*

REMARQUE. Quand la chose qui ne se compte pas peut se dire grande,

ON EXPRIME :

Que *ou* combien,	PAR	*Quantus, a, um.*
Peu,		*Parvus, a, um.*
Beaucoup,		*Magnus, a, um.*
Moins,		*Minor, us.*
Plus,		*Major, us.*
Autant, tant,		*Tantus, a, um.*
Assez,		*Satis magnus, a, um.*

Trop, par *Nimius, a, um; nimis magnus, a, um.*

L'on fait accorder ces adjectifs avec le nom.

Exemples.

Que *ou* combien de science,	*Quanta doctrina.*
Peu de science,	*Parva doctrina.*
Beaucoup de science,	*Magna doctrina.*
Moins de science,	*Minor doctrina.*
Plus de science,	*Major doctrina.*
Autant, tant de science,	*Tanta doctrina.*
Assez de science,	*Satis magna doctrina.*
Trop de science,	*Nimia* ou *nimis magna doctrina.*

* *Un peu, quelque peu,* devant un nom, s'expriment par *tantillùm, aliquantulùm,* avec le génitif : Un peu d'eau, *tantillùm aquæ.*

Un peu devant un adjectif ou un adverbe, ou un verbe, s'exprime par *leviter* : Un peu blessé, *leviter vulneratus.* — Il se fâche un peu, *leviter irascitur.*

II.

Devant un nom pluriel de choses qui se comptent,

ON EXPRIME :

Que *ou* combien, *		*Quot* ou *quàm multi*, *æ*, *a*.
Peu,		*Pauci*, *cæ*, *ca*.
Beaucoup,		*Multi*, *æ*, *a*.
Moins,	PAR	*Pauciores*, *ra*.
Plus,		*Plures*, *ra*.
Autant, tant,		*Tot* ou *tam multi*, *æ*, *a*.
Assez,		*Satis multi*, *æ*, *a*.
Trop,		*Nimis multi*, *æ*, *a*.

L'on fait accorder ces adjectifs avec le nom pluriel qui suit.

Exemples.

Que *ou* combien de livres,	*Quot* ou *quàm multi libri*.
Peu de livres,	*Pauci libri*.
Beaucoup de livres,	*Multi libri*.
Moins de livres,	*Pauciores libri*.
Plus de livres,	*Plures libri*.
Autant, tant de livres,	*Tot libri*.
Assez de livres,	*Satis multi libri*.
Trop de livres,	*Nimis multi libri*.

REMARQUE. Quand l'adverbe *combien* signifie *combien de personnes*, on l'exprime toujours par *quàm multi* : Vous voyez combien nous sommes ici, *vides quàm multi hìc adsimus* ; et non pas *quot adsimus*. (*Quot* et *tot* ne s'emploient que devant un nom exprimé.)

---

* *Combien* signifiant *combien peu*, s'exprime par *quotusquisque*, *quotaquæque* : Combien y en a-t-il qui soient éloquens ? *quotusquisque est disertus ?*

III.

Devant un adjectif ou un adverbe,

ON EXPRIME:

Que *ou* combien,		*Quàm* ou *ut.*
Peu,		*Parùm.*
Beaucoup, bien, fort,		*Multùm*, *valdè.*
Moins,	PAR	*Minùs.*
Plus,		*Magis* ou un compar.
Tant, aussi, si,		*Tàm.*
Assez, } *		*Satis.*
Trop, }		*Nimis* ou un compar.

Exemple.

Que *ou* combien il est modeste! *Quàm* ou *ut modestus est!*

Peu modeste,	*Parùm modestus.*
Bien modeste,	*Multùm modestus*, ou *modestissimus.*
Moins modeste,	*Minùs modestus.*
Plus modeste,	*Magis modestus*, ou *modestior.*
Aussi, si modeste,	*Tam modestus.*
Assez modeste,	*Satis modestus.*
Trop modeste,	*Nimis modestus*, ou *modestior.*

Remarque. *Si grand*, *aussi grand*, s'expriment par *tantus, a, um; si petit*, *aussi petit*, par *tantulus, a, um.*

IV.

Devant un comparatif ou un verbe d'excellence, comme *excello*, *præsto*, *supero*, *malo*,

ON EXPRIME:

Que *ou* combien,		*Quantò.*
Un peu,	PAR	*Paulò.*
Bien, beaucoup,		*Multò* ou *longè.*
Autant, tant,		*Tantò.*

* Voyez *assez*, *trop*, suivis de *pour*, pag. 232.

Exemples. Qu'il est, *ou* combien est-il plus savant! *quantò doctior est!* un peu plus savant, *paulò doctior.* — Bien *ou* beaucoup plus savant, *multò doctior.* — Vous l'emportez autant sur les autres, *tantò præstas aliis.*

Remarque. *Combien, un peu, beaucoup, autant*, devant les adverbes *antè* et *post*, s'expriment de même : Combien auparavant, *quantò antè;* un peu auparavant, *paulò antè;* beaucoup auparavant, *multò antè.*

V.

Devant un verbe ordinaire,

ON EXPRIME :

Que *ou* combien,		*Quàm, quantùm, ut.*
Peu,		*Parùm.*
Beaucoup,		*Multùm, valdè, plurimùm.*
Moins,	PAR	*Minùs.*
Plus,		*Magis, plùs, ampliùs.*
Autant, aussi, si,		*Tantùm, tàm.*
Assez,		*Satis.*
Trop,		*Nimis, nimio plùs, plùs æquo.*

EXEMPLES.

Qu'il *ou* combien il est aimé! *quàm, quantùm amatur!*

Il est peu aimé,	*Parùm amatur.*
Il est beaucoup aimé,	*Multùm, valdè amatur.*
Il est moins aimé,	*Minùs amatur.*
Il est plus aimé,	*Plùs, magis amatur.*
Il est aussi, autant aimé,	*Tantùm, tàm amatur.*
Il est assez aimé,	*Satis amatur.*
Il est trop aimé,	*Nimis, nimio plùs amatur.*

Remarque. *Plus*, *moins*, *trop*, avec *refert*, *interest*, s'expriment par *magis*, *minùs* : Il vous importe plus, *tuâ magis interest*. Il m'importe moins, *meâ minùs interest*.

VI.

Devant un verbe de prix ou d'estime,

ON EXPRIME :

Que *ou* combien,	PAR	*Quanti.*
Peu,		*Parvi.*
Beaucoup,		*Magni.*
Moins,		*Minoris.*
Plus,		*Pluris.*
Tant, autant, aussi, si,		*Tanti.*
Assez,		*Satis magni.*
Trop,		*Nimio pluris.*

Exemples.

Qu'il *ou* combien il est estimé! *Quanti æstimatur.*
Il est peu estimé, *Parvi æstimatur.*
Il est fort estimé, *Magni æstimatur.*
Il est moins estimé, *Minoris æstimatur.*
Il est plus estimé, *Pluris æstimatur.*
Il est tant, autant, aussi, si estimé, *Tanti æstimatur.*
Il est assez estimé, *Satis magni æstimatur.*
Il est trop estimé, *Nimiò pluris æstimatur.*

I.re Remarque. *Combien*, *peu*, *beaucoup*, *autant*, *assez*, devant les verbes *refert*, *interest*, s'expriment par *quanti*, *parvi*, *magni*, *tanti*, *satis magni* : Il m'importe beaucoup, *meâ magni refert.*

II.me Remarque. *Plus*, devant *odisse* et *fugere* se rend par *pejus* : Je le haïssois plus, *cùm pejus oderam.*

I.

QUE après *plus*, *moins*.... Quàm.

RÈGLE. De quelque manière qu'on exprime *plus*, *moins*, le *que* suivant se rend toujours par *quàm*.

Exemples.

Plus Moins	de courage que de prudence,	
Plùs *Minùs*	*fortitudinis quàm prudentiæ.*	
Plus Moins	de villes que de bourgs,	
Plures *Pauciores*	*urbes quàm vici.*	
Il est	plus moins	estimé que son frère,
Pluris *Minoris*	*æstimatur quàm frater.*	

II.

QUE *après* autant, aussi.

1.° S'il est devant un nom de choses qui ne se comptent pas, on l'exprime par *quantùm* avec le génitif.

EXEMPLE. Autant de modestie que de science, *tantùm modestiæ*, *quantùm doctrinæ*. On dit aussi, *tanta modestia*, *quanta doctrina*.

2.° Devant un nom de choses qui se comptent, on l'exprime par *quot*.

EXEMPLE. Autant de fruits que de fleurs, *tot fructus*, *quot flores*.

3.° Devant un adjectif ou un adverbe, par *quàm*.

EXEMPLE. Il est aussi prudent que brave, *tàm prudens est*, *quàm fortis*.

4.° Devant un verbe ordinaire, par *quantùm.*

Exemple. Je vous aime autant que vous m'aimez, *tantùm te amo, quantùm me amas.*

5.° Devant un verbe de prix ou d'estime, par *quanti.*

Exemple. Je vous estime autant que vous m'estimez, *tanti te facio, quanti me facis.*

Remarque. Après *autant*, *aussi*, *que* suivi de *peu*, s'exprime par *quàm*, et alors *autant* s'exprime par *tàm magni. Ex.* Il vous importe autant qu'il m'importe peu, *tuâ tam magni refert quàm parvi meâ.*

III.

6.° *Autant que*, au commencement d'une phrase, s'exprime par *quantùm. Ex.* Autant que je puis prévoir, *quantùm prospicere possum.*

IV.

7.° *Autant*, *aussi*, à la fin d'une phrase, s'expriment par les adverbes suivans :

S'ils se rapportent

à un nom de choses qui ne se comptent pas,	*Tantùmdem.*
à un nom de choses qui se comptent,	*Totidem.*
à un adjectif,	*Idem.*
à un verbe ordinaire,	*Tantùmdem.*
à un verbe de prix,	*Tantidem.*

Exemples. Vous avez beaucoup de loisir, je n'en ai pas autant : *Habes multùm otii, non habeo tantùmdem.* — J'ai beaucoup de livres, vous n'en avez pas autant : *Sunt mihi libri benè multi, non sunt tibi totidem*, etc.

V.

Après *aussi*, *autant*, *plus*, on exprime de cette manière :

Qu'homme du monde, Que qui que ce soit,	*Quàm qui maximè.*
Que chose du monde, Que quoi que ce soit,	*Quàm quod maximè.*
Que jamais,	*Quàm quùm maximè.*
Qu'en aucun lieu du monde,	*Quàm ubi maximè.*

Avec un verbe de prix ou d'estime, mettez *quanti* au lieu de *quàm*, et *plurimi* au lieu de *maximè*.

Exemples. Il est aussi prudent qu'homme du monde, *tournez*, que celui qui l'est le plus, *tàm prudens est quàm qui maximè.* — Il est autant estimé que qui que ce soit, *tanti fit quanti qui plurimi.* — Cela m'est aussi agréable que quoi que ce soit, *tournez*, que ce qui me l'est le plus, *id mihi tàm gratum est quàm quod maximè.* — Il est aussi paresseux que jamais, *tournez*, que lorsqu'il l'est le plus, *tàm piger est quàm quùm maximè.* — La vieillesse étoit aussi honorée à Lacédémone qu'en aucun lieu du monde, *senectus tantùm honorabatur Lacædemone quantùm ubi maximè.*

VI.

Autant *répété.*

Quand *autant* est répété, le premier tient lieu de *que*, et s'exprime de même par *quantùm*, *quot*, *quanti*, etc., le second par *tantùm*, *tot*, *tanti*, selon les mots auxquels ils sont joints.

Exemples. Autant ce jeune homme avoit de science, autant il avoit de modestie : *quantùm doctrinæ in eo adolescente, tantùm modestiæ inerat.* C'est comme s'il y avait, *ce jeune homme avoit autant de modestie que de science* ; mais la phrase est renversée. — Autant d'hommes, autant de sentimens, *quot homines, tot sententiæ.* — Autant la politesse plaît, autant la grossièreté déplaît, *quàm delectat urbanitas, tàm offendit rusticitas.*

I.

D'AUTANT devant *plus*, *moins que....* eò quò *ou* quòd.

RÈGLE. 1.° *D'autant* devant *plus*, *moins*, s'exprime par *eò* ou *tantò*. 2.° *Plus*, *moins*, s'expriment ensuite selon les mots auxquels ils se rapportent. 3.° *Que* s'exprime par *quò* ou *quantò*, s'il est suivi d'un comparatif (*) auquel il se rapporte.

EXEMPLES. Il est d'autant plus modeste qu'il est plus savant, *tournez*, il est plus modeste par cela qu'il est plus savant, *eò modestior est*, *quò doctior.*

Il est d'autant moins estimé qu'il est plus orgueilleux, *eò minoris fit*, *quò superbior est.*

II.

Que, après *d'autant plus*, s'exprime par *quòd*, s'il n'est pas suivi d'un comparatif.

EXEMPLES. Cela a paru d'autant plus surprenant, qu'on ne s'y attendait pas, *id eò mirabilius visum est*, *quòd à nemine exspectabatur.*

REMARQUE. *A proportion que*, se tourne par *d'autant plus*, et s'exprime de même.

EXEMPLE. Il est plus modeste, à proportion qu'il

---

* Cette règle a lieu, même quand *d'autant plus* est suivi de deux *que*. Ex. *Tibi eò plus debebo, quò tua in me humanitas fuerit excelsior quàm in te mea.* Cic. ad Attic. lib. 3. Epist. 20.

est plus savant, *eò modestior est quò doctior*; c'est-à-dire, il est d'autant plus modeste, qu'il est plus savant.

Plus *ou* moins *répétés*... quò, eò.

I.

Plus, *moins*, répétés, sont la même chose que *d'autant plus*, *d'autant moins*, mais la phrase est renversée; ainsi l'on met *quò* devant le premier *plus* ou *moins*; *eò* devant le second, en exprimant toujours *plus* et *moins* selon les mots auxquels ils se rapportent.

Exemple. Plus il est savant, plus il est modeste, *quò doctior*, *eò modestior est*.

II.

Plus on, *plus une personne*, se tournent par *plus quelqu'un*, quò quis, avec un comparatif; *plus une chose* se tourne par *plus quelque chose*, quò quid (*pour* quò aliquis, aliquid; *après* quò *on retranche* ali).

Exemples.

Plus on est vitieux, plus on est malheureux, *tournez*, plus quelqu'un est vitieux... *quò quis vitiosior*, *eò miserior est*.*

Tout le monde convient que plus une chose est difficile, plus il faut y apporter de soins, *fatentur omnes quò quid difficilius est*, *eò majorem ad id adhibendam esse curam*. Lorsqu'il y a un *que* retranché devant le premier *plus* ou *moins*, ce *que* retombe sur le second *plus* ou *moins*.

---

* Le premier *plus on* peut encore s'exprimer par *ut quisque* avec un superlatif, et le second par *ità* avec un superlatif encore. *Ex.* Plus on est vicieux, plus on est malheureux : *ut quisque vitiosissimus*, *ità miserrimus est*.

LE PLUS, LE MOINS.

I.

Devant un Adjectif,

Le plus s'exprime par un superlatif, ou par *maximè*, avec le positif.	*Le moins* s'exprime par *minimè*, avec le positif.
Exemple.	*Exemple.*
Le plus savant de tous, *omnium doctissimus*, ou *maximè doctus.*	Le moins savant de tous, *omnium minimè doctus.*

Servez-vous aussi de *maximè*, *minimè*, avec un verbe ordinaire.

II.

Devant un Verbe de prix, d'estime,

Le plus s'exprime par *maximi*, *plurimi*.	*Le moins* s'exprime par *minimi*.
Exemple.	*Exemple.*
L'enfant que j'estime le plus, *puer quem plurimi omnium facio.*	L'enfant que j'estime le moins, *puer quem minimi omnium facio.*

III.

Devant un Adjectif ou un Adverbe, suivi d'un *que* adverbe,

Le plus s'exprime par le superlatif, devant lequel on met *quàm*.	*Le moins* s'exprime par *quàm minimè*, avec le positif.
Exemple.	*Exemple.*
Soyez le plus indulgent que vous pourrez, *esto quàm facillimus.*	Soyez le moins indulgent que vous pourrez, *esto quàm minimè facilis.*

IV.

Devant un nom singulier, suivi d'un *que* adverbe,

Le plus s'exprime par *quàm plurimùm*, avec le génitif, ou par *quàm plurimus, a, um*, que l'on fait accorder avec le nom.

Exemple.

Il a employé le plus de diligence qu'il a pu, *adhibuit quàm plurimum potuit diligentiæ*, ou *quàm plurimam potuit diligentiam.*

Le moins s'exprime par *quàm minimùm*, avec le génitif, ou par *quàm minimus, a, um*, que l'on fait accorder avec le nom.

Exemple.

Il a employé le moins de diligence qu'il a pu, *adhibuit quàm minimùm potuit diligentiæ*, ou *quàm minimam potuit diligentiam.*

V.

Devant un Nom pluriel de choses qui se comptent, suivi d'un *que* adverbe,

Le plus s'exprime par *quàm plurimi, mæ, ma*, que l'on fait accorder avec le nom.

Exemple.

Il a lu le plus de livres qu'il a pu, *quàm plurimos potuit libros legit.*

Le moins s'exprime par *quàm paucissimi, mæ, ma*, que l'on fait accorder avec le nom.

Exemple.

Il a lu le moins de livres qu'il a pu, *quàm paucissimos potuit libros legit.*

VI.

Devant un adjectif, suivi d'un *qui* ou *que* relatif,

Le plus s'exprime par le superlatif; *qui* ou *que* par *qui, quæ, quod*, avec le subjonctif.

Exemple.

Il est le plus savant que je connoisse, *c'est-à-dire*, le plus savant de tous ceux que je connoisse, *est omnium quos noverim doctissimus.*

Le moins s'exprime par *minimè* avec le positif; *qui* ou *que* par *qui, quæ, quod*, avec le subjonctif.

Exemple.

Il est le moins savant que je connoisse, *c'est-à-dire*, de tous ceux que je connoisse, *est omnium quos noverim minimè doctus.*

TANT QUE.

I.

I.re RÈGLE. Si *tant que* est précédé d'une négation, on le tourne ordinairement par *autant que*, et on l'exprime de même.

Exemples. Il n'a pas tant de sciences que de présomption, *c'est-à-dire*, autant de science que de présomption, *non in eo inest tantùm doctrinæ quantùm arrogantiæ.*

Il n'y a pas tant de fruits que de fleurs, *non sunt tot fructus quot flores.*

Tant devant un comparatif se rend par *tantò*: Tant pis, *tantò pejus*; tant mieux, *tantò meliùs.*

II.

II.me RÈGLE. Si *tant* ne peut pas se tourner par *autant* *, le *que* suivant s'exprime toujours par *ut* avec le subjonctif.

EXEMPLES. Il a reçu tant de coups, qu'il en est mort, *tot plagas accepit, ut mortuus sit.* — J'estime tant la vertu, que je la préfère à tous les trésors, *tanti facio virtutem, ut eam thesauris omnibus anteponam.*

III.

Tant que signifiant *tandis que*, *tant de temps que*, s'exprime par *dùm*, *donec*, *quandiù.*

EXEMPLES. Tant que vous serez heureux, vous compterez beaucoup d'amis, *donec eris felix, multos amicos numerabis.* — Tant qu'il a vécu, *quamdiù vixit.*

* C'est-à-dire, s'il n'y a pas de comparaison.

IV.

Tant... que signifiant *non-seulement*, *mais encore*, s'exprime par *tùm* répété, ou par *cùm*, *tùm*.

Exemples. Les philosophes tant anciens que modernes, *philosophi tùm veteres, tùm recentiores*, ou *cùm veteres, tùm recentiores.*

V.

Non pas tant pour... que pour... s'exprime par *non tàm ut... quàm ut...* avec le subjonctif.

Exemple. Je vous écris, non pas tant pour vous louer, que pour vous féliciter, *ad te scribo non tàm ut te laudem, quàm ut tibi gratuler.*

VI.

Tant... tant il est vrai que... se rend en latin par *adeò* devant un adjectif ou un verbe ordinaire, par *tanti* devant un verbe de prix, par *tantò* devant un comparatif.

Exemples. Tant est rare une amitié fidèle, *adeò rara est fidelis amicitia.* — Tant la sagesse l'emporte sur les richesses, *tantò præstat divitiis sapientia.*

Si *adverbe.*

I.

Quand *si..... que.....* peut se tourner par *aussi..... que*, on l'exprime de même. (Voyez *que* après *aussi*, pag. 225.)

II.

Quand *si* ne peut pas se tourner par *aussi*, on l'exprime par *tàm*, *adeò*, *ità*, devant un adjectif, un adverbe et un verbe ordinaire; par *tanti* devant un verbe de prix ou d'estime, et le *que* s'exprime toujours par *ut*.

Exemples. Dieu est si bon qu'il aime les hommes, *Deus est tàm bonus ut amet homines.* — Il fut si frappé de cette nouvelle, qu'il mourut, *eo nuncio ità perculsus est, ut mortuus sit.* — Il est si estimé que.... *tanti fit ut...*

III.

Si grand s'exprime par *tantus, ta, tum; si petit* par *tantulus, la, lum;* et quand *si* ne peut pas se tourner par *aussi*, le *que* suivant se rend par *ut* avec le subjonctif.

Exemples. La bonté de Dieu est si grande, qu'il nous aime, *tanta est Dei bonitas, ut nòs amet.* — Cette étoile est si petite, qu'on ne peut la voir, *stella hæc tantula est, ut perspici non queat.*

Mais quand *si grand* peut se tourner par *aussi grand*, on exprime *que* par *quantus, ta, tum;* et quand *si petit* peut se tourner par *aussi petit*, on exprime *que* par *quantulus, la, lum.*

Exemples. La terre n'est pas si grande que le soleil, *tournez*, n'est pas aussi grande... *non tanta est terra quantus sol.* — Cette classe n'est pas si petite que la nôtre, *c'est-à-dire*, aussi petite..... *hæc schola non tantula est quantula est nostra.*

Assez... pour... *en latin*, Tant... *ou* si... que...

I.

Règle. Quand *assez* est suivi de *pour*, on tourne *assez* par *tant* ou *si*, qu'on exprime selon les mots auxquels il se rapporte; *pour* se tourne par *que*, et s'exprime par *ut* avec le subjonctif.

Exemples. Avez-vous assez de loisir pour lire même des fables? *tournez*, avez-vous tant de loisir, que vous lisiez... *estne tibi tantùm otii, ut etiam* *fabulas legas?* — Je ne suis pas assez insolent pour me croire roi, *tournez*, si insolent, que je me croie... *non sum tàm insolens, ut regem esse me putem.* * — Il n'est pas assez estimé pour que je me fie à lui, *tournez*, si estimé que je me fie... *non tanti fit ut ei confidam.*

II.

Assez peu suivi de *pour...* se tourne par *si peu que...* et s'exprime, *assez* par *tàm*, *peu* selon le mot auquel il se rapporte, et *pour* par *ut*.

Exemples. J'ai assez peu d'ambition, pour mépriser les honneurs, *tournez*, j'ai si peu d'ambition, que je méprise... *inest in me tàm parùm ambitionis, ut honores despiciam.*

Trop... pour... *en latin*, Plus que (*il ne faut*) pour...

I.

Règle. Quand *trop* est suivi de *pour*, on tourne *trop* par *plus*, qu'on exprime selon les mots auxquels il se rapporte, et *pour* s'exprime par *quàm ut* avec le subjonctif.

Exemples. Il a avalé trop de poison, pour recouvrer la santé, *plus veneni hausit, quàm ut sanitati restituatur.* On peut dire aussi, *quàm qui sanitati restituatur.* — Il a commis trop de crimes, pour que les juges aient pitié de lui, *plura admisit scelera, quàm ut illius judices misereat.* On peut dire aussi, *quàm cujus judices misereat.* — Je suis trop élevé, pour que la fortune puisse me nuire, *major sum, quàm ut fortuna mihi nocere possit* (ou *quàm cui*). — Je vous estime trop, pour vous blâmer, *pluris te facio, quàm ut te vituperem.*

---

* Au lieu de *ut*, on peut se servir de *qui, quæ, quod*, comme après mériter... *Non sum tàm insolens, qui regem esse me putem.*

II.

Ne pas assez... pour... / *Trop peu... pour...* } en latin *moins que* (*il n... faut*) *pour...*

Règle. *Trop peu* se tourne par *moins*, et s'exprime de même; *pour* s'exprime par *quàm ut*.

Exemples. Il a trop peu d'esprit pour conduire cette affaire, *tournez*, il a moins d'esprit que... *minùs habet ingenii, quàm ut rem hanc gerat*. — Il avoit trop peu de soldats pour vaincre, *pauciores habebat milites, quàm ut vinceret*. — Il étoit trop peu estimé pour... *minoris æstimabatur quàm ut*.

ADVERBES DE TEMPS.

À peine..... que..... *Vix.... quùm....*

Aussitôt que... *Statim ut.*

I.

À peine s'exprime par *vix*, et le *que* suivant par *quùm* avec l'indicatif.

Exemples. À peine fut-il arrivé, qu'il tomba malade, *vix advenit, quùm in morbum incidit.*

Aussitôt que, ne pas plutôt que s'expriment par *statim ut.*

Exemple. Aussitôt qu'il fut arrivé, il tomba malade, *statim ut advenit, in morbum incidit.*

Plus tôt, signifiant *de meilleure heure*, s'exprime par *maturiùs;* s'il signifie *plus vîte*, par *citiùs, celeriùs.*

Exemple. Il s'est levé plus tôt qu'à l'ordinaire, *maturiùs solito surrexit.* — Il est arrivé plus tôt qu'on ne pensoit, *citiùs venit quàm putabant.*

III.

Quand *plutôt* marque la préférence d'une chose sur une autre, on l'exprime par *potiùs*, et *que de* par *quàm* avec le subjonctif.

Exemples. Combattez vos passions, plutôt que d'en devenir esclave, *cupiditates frange*, *potiùs quàm illis servias*.

Après les adverbes et les noms de temps on exprime *que* par *quùm* (ou *ex quo* quand il peut se tourner par *depuis que*).

Exemples.

Présentement que... *nunc quùm*.

Hier que... *heri quùm*.

La dernière fois que je vous vis, *proximè quùm te vidi*.

Un jour que j'étois avec vous, *quâdam die quùm tecum essem*.

Il y a long-temps que je vous attends, *diù est quùm te exspecto*. (*Il y a*, *il y avoit*, se tournent par le verbe *être*.)

Du temps que Rome florissoit, *tùm quùm Roma floreret*.

Un jour viendra que... *veniet*, ou *erit tempus quùm*.

Il y a des temps que... *incidunt sæpè tempora quùm*.

Il y a deux ans qu'il est mort, *duo anni effluxêre*, *ex quo mortuus est* (sous-entendu *tempore*), et non pas *ex quibus*.

CHAPITRE CINQUIÈME.

PRÉPOSITIONS FRANÇOISES.

I.

Préposition DE.

De, au commencement d'une phrase, s'exprim par *è* ou *ex* avec l'ablatif.

Exemple. De tous les vices, il n'en est pas de plu grand que l'orgueil, *ex omnibus vitiis, nullum es majus superbiâ.*

II.

De, entre un nom et le présent de l'infinitif actif, veut le gérondif en *di.*

Exemple. Le temps de prier, *tempus orandi.*

De, entre un nom et l'infinitif passif, ou tout autre verbe qui n'a point de gérondif, s'exprime par différen-tes conjonctions, selon le verbe d'où le nom est dérivé.

Exemples. Il trembloit de crainte d'être surpris, *contremiscebat ne deprehenderetur.* (Après *craindere*, *de* s'exprime par *ne.*) — Il a une grande joie d'être le premier, *summâ perfunditur lœtitiâ quòd primum locum teneat.*) Après *se réjouir*, *de* s'exprime par *quòd.*)

III.

Quand *de*, suivi d'un infinitif, peut se tourner par *si*, on l'exprime en latin par *si.*

Exemple. Vous me ferez plaisir de lui écrire, *tournez*, si vous lui écrivez, *pergratum mihi feceris, si ad eum scripseris.*

IV.

Quand *de*, suivi d'un infinitif, peut se tourner

par *moi qui*, *vous qui*..., on l'exprime par *qui*, *quæ*, *quod*, avec le subjonctif.

Exemple. Que vous êtes malheureux, d'avoir couru de vous-même à la mort! *ô te infelicem qui ultrò ad necem cucurreris!*

Préposition à *devant un infinitif.*

I.

Quand la préposition *à*, précédée d'un nom, peut se tourner par *qui*, *que*, on l'exprime par *qui*, *quæ*, *quod*, avec le subjonctif.

Exemple. Je n'avois rien à vous écrire, *tournez*, que je vous écrivisse, *nihil habebam quod ad te scriberem.*

II.

Quand *à* peut se tourner par *si*, on l'exprime en latin par *si.*

Exemple. A l'entendre parler, vous diriez..... *tournez*, si vous l'entendiez parler... *Quem si loquentem audias, dicas...*

Remarque. On met élégamment en latin le présent du subjonctif, au lieu de l'imparfait.

III.

Quand *à* peut se tourner par *pour*, on l'exprime par *ut* avec le subjonctif, et s'il suit une négation, c'est par *ne.*

Exemples. A dire vrai, *tournez*, pour dire vrai, *ut verum dicam.* — A ne pas mentir, *ne mentiar.*

Être homme à... femme à... tournez, *être celui, celle qui...*

Règle. *N'être pas homme à..., femme à..., capable de...*, se tournent par *n'être pas celui, celle qui,* et s'expriment par *non is... qui*, *non ea... quæ*, avec le subjonctif, et le second verbe est toujours à la même personne que le premier.

Exemples. Je ne suis pas homme à reculer, *non is sum qui pedem referam.* — Votre mère n'est pas femme à élever mal ses enfans, *non ea est tua mater quæ liberos suos malè instituat.*

Si *être* ou *n'être pas capable* a pour nominatif un nom de chose inanimée, on l'exprime par *posse*, *possum*. *Ex.* Tous les trésors du monde ne sont pas capables de satisfaire son avarice, *thesauri quilibet illius avaritiam satiare non possunt.*

Préposition Pour.

Pour s'exprime de différentes manières, suivant ses différentes significations.

I.

Quand *pour* signifie *envers*, il s'exprime par *in* ou *ergà* avec l'accusatif.

Exemple. Mon zèle pour vous, *meum in te* ou *ergà te studium.*

II.

Quand *pour* peut se tourner par *de*, on le rend par le génitif.

Exemple. L'amour pour la liberté nous est naturel, *tournez*, l'amour de la liberté... *amor libertatis nobis est innatus.*

III.

Quand *pour* signifie *au lieu de*, il s'exprime par *pro* avec l'ablatif, ou par *loco* avec le génitif.

Exemple. Pour une épée il prit un bâton, *pro gladio* ou *loco gladii fustem sumpsit.*

IV.

Quand *pour* signifie *à cause de*, il s'exprime par *ob* ou *propter* avec l'accusatif.

Exemple. Je l'aime pour sa modestie, *illum propter modestiam amo.*

V.

Quand *pour* signifie *pour l'amour de*, il se rend par *causâ* ou *gratiâ* avec le génitif.

Exemple. Je ferai volontiers cela pour lui, *id libenter illius causâ faciam*; pour vous, *tuâ causâ.* (Au lieu des génitifs *meî*, *tuî*, on dit *meâ*, *tuâ*, devant *causâ.*)

VI.

Quand *pour* marque l'intention, le motif, il se rend par *in* avec l'accusatif.

Exemple. Employez tous vos soins pour votre santé, *omnem curam in valetudinem confer.*

VII.

Pour signifiant *à l'avantage*, *au désavantage de*, se rend en latin par le datif.

Exemples. Je craignois pour votre vie, *vitæ tuæ metuebam.* — Demander grâce pour quelqu'un, *veniam alicui petere.*

VIII.

Pour devant un infinitif, s'exprime par *ad* avec le gérondif en *dum*, ou par *ut* avec le subjonctif, ou par *causâ*, *gratiâ*, avec le gérondif en *di.*

Exemple. Il se leva pour répondre, *surrexit ad respondendum*, ou *ut responderet*, ou *respondendi causâ.*

On se sert aussi quelquefois du futur en *rus*, *ra*, *rum*, que l'on fait accorder avec le nominatif : *Surrexit responsurus.*

Si *pour* est suivi d'un comparatif, au lieu de *ut*, on se sert de *quò*.

Exemple. Reposez-vous pour mieux travailler, *otiare quò meliùs labores.*

Quand *pour* est accompagné d'une négation, il se rend par *ne* avec le subjonctif.

Exemple. Pour ne pas vous ennuyer, *ne vobis tædium afferam.*

IX.

Si *pour* devant un infinitif peut se tourner par *qui*, *que*, on l'exprime par *qui*, *quæ*, *quod*, avec le subjonctif.

Exemple. Il m'envoya quelqu'un pour m'avertir, *tournez*, quelqu'un qui m'avertît, *misit hominem qui me moneret.*

X.

Pour devant le parfait de l'infinitif, suivi de ces mots : *ce n'est pas à dire pour cela que...* se tourne par *quoique.*

Exemple. Pour avoir salué des méchans, ce n'est pas à dire pour cela que je sois méchant, *quamvis improbos salutaverim, non continuò sum improbus.*

XI.

Pour peu que se tourne par *si peu que*, et s'exprime par *si vel minimùm.*

Exemple. Pour peu que vous vouliez réfléchir, vous comprendrez la chose, *si vel minimùm cogitare volueris, rem perspicies.*

XII.

Pour, dans ces façons de parler, *pour moi*, *pour vous*, se rend par *verò*, que l'on met après le pronom.

EXEMPLE

Exemples. Pour moi je suis prêt, *ego verò sum paratus.* — Pour vous, il vous importe, *tuâ verò interest.*

XIII.

Pour, signifiant *eu égard à.....* se rend en latin par *ut*, et quelquefois par *pro*, qui gouverne l'ablatif.

Exemples. Il avoit assez de littérature pour un Romain, *c'est-à-dire*, eu égard à un Romain, *erant satis multæ ut in homine romano litteræ.* — Il étoit habile pour ce temps-là, *erat ut illis temporibus eruditus.* — Il est assez savant pour son âge, *pro ætate satis est eruditus.*

Préposition Sans *devant un infinitif françois.*

I.

I.re Règle. Quand le verbe qui précède *sans*, n'a ni négation, ni interrogation, on tourne *sans* par *et ne pas*, et on l'exprime par *nec.*

Exemple. Il est sorti sans fermer la porte, *tournez*, et il n'a pas fermé la porte, *exiit*, *nec fores clausit.*

II.

II.me Règle. Quand le premier verbe est accompagné d'une négation ou d'une interrogation, on tourne *sans* par *que ne*, et on l'exprime par *quin* ou *nisi.*

Exemple. Personne ne devient savant, *ou* qui peut devenir savant sans lire beaucoup? *tournez*, qu'il ne lise... *Nemo fit doctus*, *quis potest doctus fieri*, *quin multa legat?*

Remarque. On tourne aussi quelquefois *sans* par *avant que*, *priùs quàm.* Je ne partirai pas sans vous avoir dit adieu, *tournez*, avant que je vous aie dit adieu, *non proficiscar priùs quàm tibi vale dixerim.*

Différentes manières d'exprimer la préposition Sans *devant un infinitif.*

1.° Par un nom dérivé d'un verbe : Sans pleurer, *sine lacrymis.* Sans craindre, *sine metu.*

2.° Par un adjectif : Passer la nuit sans dormir, *noctem insomnem ducere.* Sans blesser la conscience, *salvâ fide.* Sans se plaindre, *æquo animo.*

3.° Par un adverbe : Sans faire semblant de rien, *dissimulanter.* Sans y penser, *temerè*, *imprudenter.*

4.° Par un participe : Vous comprenez cela sans que je vous le dise, *id etiam me tacente intelligis.* Sans rire, *remoto joco.* Sans tarder, *nullâ interpositâ morâ.*

I.

Après *suivi d'un nom.*

Après s'exprime par *post* avec l'accusatif : Après le dîner, *post prandium.*

Quand *après* marque la seconde place, le second rang, on l'exprime par *secundùm* avec l'accusatif, ou par *ab* avec l'ablatif.

Exemple. Après Cicéron, il est, sans contredit, le premier des orateurs, *secundùm Ciceronem*, ou bien *à Cicerone est oratorum facilè princeps.* *

---

* *Après*, signifiant *immédiatement après*, se rend par *sub* avec l'accusatif. *Ex.* Après cette lettre on lut la vôtre, *sub eas litteras recitatæ sunt tuæ.*

II.

APRÈS *suivi d'un infinitif françois.*

RÈGLE. *Après*, suivi du parfait de l'infinitif actif, se tourne par *après que*, et s'exprime par *postquàm*, *quùm;* et le verbe se met à différens temps de l'indicatif, de cette manière.

EXEMPLES. Après avoir lu, j'écris, *c'est-à-dire*, après que j'ai lu... *postquàm legi*, *scribo.* — Après avoir lu, j'écrivais, *c'est-à-dire*, après que j'avois lu... *postquàm legeram*, *scribebam.* — Après avoir lu, j'ai écrit, *c'est-à-dire*, après que j'eus lu...... *postquàm legi*, *scripsi.* — Après avoir lu, j'écrirai, *c'est-à-dire*, après que j'aurai lu.... *postquàm legero*, *scribam.*

AVANT *suivi d'un Infinitif françois.*

RÈLGE. *Avant*, suivi d'un infinitif, se tourne par AVANT QUE, *antequàm*, *priùsquàm*, avec le subjonctif, de cette manière.

EXEMPLES. Je lis, je lirai avant d'écrire, *tournez*, avant que j'écrive, *lego*, *legam antequàm scribam.* — Je lisois, j'ai lu, j'avois lu avant d'écrire, *tournez*, avant que j'écrivisse, *legebam*, *legi*, *legeram antequàm scriberem.* *

I.

AU LIEU DE *suivi d'un Nom.*

Au lieu de s'exprime par *pro* avec l'ablatif, ou par *loco* avec le génitif.

---

* *Avant*, suivi d'un parfait de l'infinitif, peut se rendre par un participe passé, en y ajoutant une négation. *Ex.* Il est parti avant d'avoir terminé l'affaire; c'est-à-dire, l'affaire n'étant pas terminée, *infecto negotio profectus est.* (*In*, ajouté à un adjectif, équivaut à *non.*)

Exemple. Au lieu d'épée, il se servit d'un bâton, *pro gladio* ou *loco gladii fuste usus est.*

II.

Au lieu de *suivi d'un Infinitif.*

1.° On le tourne par *lorsque je devrois, tu devrois, il devroit*..... quand il y a obligation de faire la chose.

Exemple. Au lieu de lire, il joue, *tournez*, lorsqu'il devroit lire....., *quùm legere deberet, ludit.*

2.° On le tourne par *lorsque je pourrois, tu pourrois, il pourroit*..... quand il n'y a qu'une simple permission de faire la chose.

Exemple. Au lieu de jouer, il lit, *tournez*, lorsqu'il pourroit jouer..... *quùm posset ludere, legit.*

III.

Au lieu de..... précédé d'un verbe à l'impératif, s'exprime par *non autem*; et le second verbe se met aussi à l'impératif en latin.

Exemple. Lisez au lieu de badiner, *tournez*, lisez et ne badinez pas, *lege, non autem nugare.*

IV.

Au lieu que se tourne par *au contraire*, et s'exprime par *verò, autem*, qu'on met après un mot.

Exemple. Il lit au lieu que vous badinez, *tournez*, vous au contraire vous badinez, *legit ille, tu verò nugaris.*

V.

Quand *au lieu de*, suivi d'un infinitif, peut se tourner par *bien loin de*, on l'exprime de même.

BIEN LOIN DE *suivi d'un Infinitif.*

RÈGLE. *Bien loin de*, suivi d'un infinitif, s'exprime par *nedùm* avec le subjonctif; et le membre de phrase où il se trouve devient le second.

EXEMPLE. Bien loin de m'aimer, il me regarde à peine, *tournez*, il me regarde à peine, bien loin qu'il m'aime, *vix me aspicit*, *nedùm amet.*

CHAPITRE SIXIÈME.

CONJONCTIONS FRANÇOISES.

LA principale conjonction françoise est *que*; nous en avons parlé dans différens articles.

Si *conditionnel.*

I.

Si, au commencement d'une phrase, se traduit par *si*, et veut le subjonctif devant un imparfait ou un plus-que-parfait.

EXEMPLE. Si vous le faisiez, si vous l'aviez fait pour l'amour de moi, *id si faceres*, *si fecisses causâ meâ.*

I.re REMARQUE. Quelquefois, au lieu de répéter *si*, on met *que* en françois.

EXEMPLE. Si vous aviez voulu, et que vous eussiez pu, *si voluisses et potuisses.*

II.me REMARQUE. Quand le second verbe est au futur, il vaut mieux mettre aussi le premier au futur en latin. *Ex.* Si vous lisez ce livre, j'en serai charmé, *quem librum si leges*, *lætabor.*

II.

Quand *si* est suivi de *ne* seulement, ont le traduit par *nisi* avec le subjonctif.

Exemple. Si vous ne prenez garde, *nisi caveas.*

III.

Quand *si* est suivi de *ne pas*, *ne point*, on le traduit par *si non*, *si minùs*; et ces mots, *au moins*, *du moins*, *pour le moins*, s'expriment par *saltem*, *at certè*, *ut minimùm.*

Exemple. Si vous ne craignez pas les hommes, au moins craignez Dieu, *si non homines*, *at certè Deum time.*

IV.

Si, signifiant *quand*, *parce que*, ne veut pas le subjonctif, ce qui arrive lorsqu'il est suivi de deux imparfaits ou deux parfaits.

Exemples. Si je l'appelois, il s'en alloit, *tournez*, quand je l'appelois..... *quem si arcessebam*, *abibat.*

Remarque. *Que si* s'exprime par *quòd si*; *mais si*, par *sin*, *sin autem*; *si au contraire*, *si cela n'étoit pas*, par *sin aliter*, *sin minùs.*

Si ce n'est que, *à moins que*, par *nisi*, *nisi fortè*, *nisi verò*, *nisi si*; *si ce n'est*, suivi d'un nom, par *nisi*, et même cas que devant; ou par *præter* avec l'accusatif.

Si *dubitatif.*

Si, après les verbes de doute, comme *douter si*, *examiner si*, *ne pas savoir si*, *délibérer si*, *demander*, *juger*, *dire*, *s'informer si*, etc. s'exprime par *an*, *utrùm*. *Ou si* s'exprime par *an*. *Ou non* s'exprime par *an non*, *nec ne.*

Exemples. Elle demanda si elle étoit plus grosse que le bœuf, *interrogavit an esset latior bove.* — Je ne sais s'il dort ou s'il écoute, *nescio utrùm dormiat*, *an audiat.* S'il dort ou non, *an dormiat*, *nec ne.*

COMME, DE MÊME QUE.

I.

Comme, *de même que*, dans le premier membre d'une comparaison, s'exprime par *ut* ou *quemadmodùm* avec l'indicatif; et *de même*, dans le second membre, s'exprime par *sic* ou *itâ*.

EXEMPLE. Comme le feu éprouve l'or, de même l'adversité éprouve l'homme courageux, *ut* ou *quemadmodùm ignis aurum probat*, *sic* ou *itâ miseria fortes viros*.

II.

Comme, signifiant *pendant que*, *puisque*, se rend par *quùm*, et il veut le subjonctif.

EXEMPLES. Comme on le menoit au supplice..... *tournez*, pendant qu'on le..... *quùm ad supplicium duceretur*... — Comme la chose est ainsi, c'est-à-dire, *puisque* la chose est ainsi, *quùm itâ se res habeat*.

DIFFÉRENTES LOCUTIONS FRANÇOISES.

ALLER, DEVOIR, IL FAUT, *suivis d'un Infinitif*.

I.

Quand *aller*, *devoir*, suivis d'un infinitif, marquent seulement qu'une chose est près de se faire, on n'exprime pas le verbe *aller*, *devoir*, mais on met le verbe suivant au participe du futur, avec le verbe *sum*, *es*, *est*, que l'on met au même temps où le verbe *aller* est en françois.

EXEMPLES. Je vais *ou* je dois partir, *mox profecturus sum*. — Il devait partir, *profecturus erat*.

— La ville doit être pillée demain, *urbs cràs diripienda est.*

II.

Quand les verbes *devoir*, *il faut*, marquent obligation, on tourne la phrase par le passif, et l'on se sert du futur en *dus*, *da*, *dum.*

EXEMPLE. Il faut réprimer ses passions, *tournez*; les passions doivent être réprimées, *comprimendæ sunt libidines.* *

III.

Si le verbe qui suit *devoir*, *il faut*, ne gouverne pas l'accusatif, servez-vous du participe neutre *dum* avec *est*, et mettez au cas du verbe le nom ou le pronom suivant.

EXEMPLE. Il faut servir Dieu, *serviendum est Deo.* (Le verbe *servire* gouverne le datif.)

(On peut aussi se servir de *debere*, *oportet*: *Oportet Deo servire.*)

TANT S'EN FAUT QUE... ÊTRE SI ÉLOIGNÉ DE.

Tant s'en faut s'exprime par *tantùm abest*, et les deux *que* suivans par *ut* avec le subjonctif.

EXEMPLE. Tant s'en faut qu'il vous haïsse, qu'au contraire il vous aime, *tantùm abest ut te oderit*, *ut contrà te amet.*

On peut exprimer *tant s'en faut que* par *adeò non*, et le second *que* par *ut*: *Adeò non te odit*, *ut contrà te amet.* On peut encore le tourner par *bien loin de*, et l'exprimer de même: *Te amet nedùm oderit.*

---

* Exprimez de même par le participe en *dus*, *da*, *dum*, AVOIR BESOIN, suivi d'un infinitif..... Il a besoin d'être excité au travail, *is ad laborem est incitandus.*

Peu s'en faut, Il s'en faut peu que...

Peu s'en faut, *il ne tient à rien que*, s'expriment par *parùm abest*, et *que* par *quin* avec le subjonctif.

Exemple. Peu s'en faut que je ne sois très-malheureux, *parùm abest quin sim miserrimus.* — Peu s'en est fallu qu'il ne tombât, *parùm abfuit quin caderet.* *

Penser, *faillir*, *manquer*, suivis d'un infinitif, c'est la même chose que *peu s'en faut* : Il a pensé tomber.....

Il s'en faut beaucoup que... Être bien éloigné de...

Il s'en faut beaucoup s'exprime par *multùm abest..... combien s'en faut-il*, par *quantùm abest*; et le *que* suivant par *ut* avec le subjonctif.

Exemple. Il s'en faut beaucoup que vous surpassiez vos condisciples, *multùm abest ut tuos superes condiscipulos.*

Cette façon de parler, *faut-il que*, mise par exclamation, ne s'exprime pas; on met le nom ou pronom à l'accusatif, et le verbe suivant à l'infinitif. *Ex.* Faut-il que je sois si malheureux? *Mene ità miserum esse?*

Faire, *suivi d'un Infinitif françois.*

I.

Quand le verbe *faire* signifie *faire en sorte*, on l'exprime par *facere* ou *dare operam ut*, avec le subjonctif.

---

* On peut encore exprimer *peu s'en est fallu* par *tantùm non* ou par *penè* : Peu s'en est fallu qu'il ne tombât, *tournez*, seulement il n'est pas tombé, *tantùm non cecidit*; *ou* il est presque tombé, *penè cecidit.*

L 5

Exemple. Faites-moi savoir, *tournez*, faites en sorte que je sache, *fac ut sciam*.

Faire connoître, quand il a pour nominatif un nom de chose inanimée, se tourne de la manière suivante.

Exemple. Votre lettre m'a fait connoître, *tournez*, j'ai connu par votre lettre, *ex litteris tuis cognovi*.

II.

Quand *faire* signifie *contraindre*, *commander*, *engager*, on l'exprime par *cogere*, *jubere*, *impellere*.

Exemples. Vous me faites mourir, *c'est-à-dire*, vous me contraignez... *mori me cogis*. — Il le fit tuer, *c'est-à-dire*, il ordonna qu'il fût tué, *jussit eum occidi*. (Après *jubeo* on met toujours le verbe au présent de l'infinitif.) — Cela m'a fait croire, *c'est-à-dire*, cela m'a engagé à croire, *id me impulit ut crederem*.

III.

Ne faire que de... se tourne par *tout à l'heure*, et s'exprime par *modò*.

Exemple. Il ne fait que d'arriver, *tournez*, il est arrivé tout à l'heure, *modò advenit*.

IV.

Ne faire que se tourne par *toujours*, et s'exprime par *semper*, *perpetuò*.

Exemples. Il ne fait que badiner, *tournez*, il badine toujours, *perpetuò nugatur*. — Se faire donner quelque chose par force, *aliquid extorquere*. — Faire sa paix avec quelqu'un, *in gratiam redire cum aliquo*. — Faire espérer à quelqu'un que..... *aliquem in spem adducere*. (Le *que* se retranche.)

— Faire concevoir une bonne opinion de soi, *bonam suî* ou *de se spem concitare.*

Les autres significations du verbe *faire* se trouvent dans le Dictionnaire.

I.

Venir de... *devant un Infinitif françois.*

Venir de... devant un infinitif se tourne par *tout à l'heure*, modò.

Exemple. Il vient de partir, *tournez*, il est parti tout à l'heure, *modò profectus est.*

II.

Venir à... N'aller pas... devant un infinitif, ne s'expriment pas en latin.

Exemples. S'il vient à savoir cela, *tournez*, s'il sait cela, *id si resciverit.* — N'allez pas vous imaginer, *tournez*, ne vous imaginez pas, *ne existimes, noli existimare.*

Être près ou sur le point de...

Être près de..... devant un infinitif, se tourne par *dans peu*, *bientôt*, Mox *ou* jamjam ; et le verbe suivant se met au futur en *rus*, *ra*, *rum*, pour l'actif; en *dus*, *da*, *dum*, pour le passif, avec *sum..... eram.....*

Exemple. Il étoit sur le point de prendre la ville, *mox* ou *jamjam oppido potiturus erat.* On dit encore, *in eo erat ut oppido potiretur.*

Ne manquer pas de...

I.

Ne manquer pas de... devant un infinitif, se tourne par *certainement*, *profectò*.

Exemple. Je ne manquerai pas de lui écrire, *tournez*, je lui écrirai certainement, *ad illum profectò scribam.*

II.

Mais quand on commande quelque chose, *ne manquez pas* se tourne par souvenez-vous, *memento*; au pluriel, *mementote*.

Exemple. Ne manquez pas de l'avertir, *memento ut illum moneas.*

Laisser *devant un Infinitif.*

I.

Laisser, devant un infinitif, se tourne par *permettre que*, et s'exprime par *sinere*. (Le *que* se retranche.)

Exemple. Vos chants ne me laissent pas dormir, *cantus tui non sinunt me dormire.*

II.

Ne pas laisser de, devant un infinitif, se tourne par *cependant*, tamen.

Exemple. Quoique je vous attende vous-même, ne laissez pas de donner une lettre, *quanquàm te ipsum exspecto, da tamen epistolam.*

S'occuper a..... Se mettre a..... Se mêler de....

Les verbes *s'occuper à*, *se mêler de*, devant un infinitif, ne s'expriment pas en latin.

Exemple. Il s'occupe à lire, *tournez*, il lit, *legit.*

Se mettre à..... devant un infinitif, s'exprime en latin par *cœpisse*, *cœpi :* Il se mit à pleurer, *flere cœpit.*

Avoir la force de..... la hardiesse de.....

Avoir la force de..... devant un infinitif, s'exprime par *sustinere*, *audere*, avec l'infinitif latin.

Exemple. Avez-vous bien eu la force de nier cela? *sustinuisti*, *ausus es id negare*?

Ne servir qu'à...

Ne servir qu'à... devant un infinitif, ne s'exprime pas en latin.

Exemple. Cela ne sert qu'à aigrir ma douleur, *tournez*, cela aigrit..... *hoc dolorem meum exulcerat.*

Savoir *devant un Infinitif françois.*

Savoir, devant un infinitif, ne s'exprime pas en latin.

Exemple. Il sut profiter de cette occasion, *tournez*, il profita de... *eâ occasione usus est.*

Il me tarde de.... Je suis dans l'impatience de.....

Il tarde de..... être dans l'impatience de..... s'expriment par *nihil longius est quàm...* avec l'infinitif, ou *quàm ut.....* avec le subjonctif.

EXEMPLE. Il me tarde de vous voir, *nihil mihi longius est quàm ut te videam.*

IL NE TIENT QU'A....

Il ne tient qu'à moi, qu'à vous, que cela ne se fasse, *per me, per te unum stat quominùs id fiat.*

AVOIR BEAU.....

Avoir beau..... devant un infinitif, se tourne par *en vain*, frustrà ; ou *quoique*, quamvis.

EXEMPLE. Vous avez beau crier, *tournez*, vous criez en vain, *frustrà vociferaris ;* ou quoique vous criiez, *quamvis vociferere.*

AVOIR DE LA PEINE A.....

Avoir de la peine à....... devant un infinitif, se tourne par *difficilement.*

EXEMPLE. Il a eu de la peine à obtenir cela, *tournez*, il a obtenu cela difficilement, *ægrè id impetravit.*

N'avoir pas de peine à..... se tourne par *facilement.*

A FORCE DE.....

A force de..... devant un infinitif, se rend par le nom dérivé du verbe avec *multus, a, um.*

EXEMPLE. A force de travailler, il est devenu savant, *tournez*, par beaucoup de travail... *multo labore doctus evasit.*

POUR NE PAS DIRE.

Pour ne pas dire s'exprime par *ne dicam*, et le nom ou l'adjectif suivant se met au même cas que celui qui précède, quand on renvoie le premier verbe à la fin.

EXEMPLE. Vous êtes un enfant, pour ne pas dire un badin, *tu puer*, *ne dicam nugator es.*

AVOIR LE BONHEUR DE...... AVOIR LE MALHEUR DE....

Avoir le bonheur de..... s'exprime par *contingere ut.....*; *le malheur de.....* par *accidere ut.....*

EXEMPLES. J'ai eu le bonheur de voir le roi, *tournez*, il m'est arrivé de...., *mihi contigit ut regem viderem.* — J'ai eu le malheur d'être vaincu, *mihi accidit ut vincerer.*

AVOIR LIEU, *sujet* ou *raison*.

Avoir lieu, *sujet* ou *raison* se tourne par le verbe *être*, et l'infinitif suivant se met au gérondif en *di.*

EXEMPLE. Vous n'avez pas lieu de craindre, c'est-à-dire, lieu n'est pas à vous de craindre, *tibi non est timendi locus.*

(On peut encore exprimer *de* par *quòd* ou *cur* avec le subjonctif : *non est quòd timeas.*)

VOUS NE SAURIEZ CROIRE.

Souvent l'imparfait du subjonctif, au commencement d'une phrase, se met en latin au présent du subjonctif, surtout avec *volo*, *nolo*, *malo*, *audeo* et *possum.*

Exemples. Vous ne sauriez croire, *vix credas* ou *vix credideris.* — Vous le prendriez pour un homme sage, *eum sapere putes.*

Malgré.

I.

Malgré, devant un nom de personne, s'exprime par *invitus, a, um*, que l'on fait accorder avec ce nom.

Exemples. Il a fait cela malgré lui, *id invitus fecit.* — Je l'ai renvoyé malgré lui, *illum invitum dimisi.* — J'ai fait cela malgré lui, *id illo invito feci.*

II.

Malgré, devant un nom de chose, se tourne par *quoique* avec un verbe.

Exemple. Il le tua malgré ses cris redoublés, *tournez*, quoiqu'il criât beaucoup, *illum quamvis clamitaret, interfecit.*

Au haut de... Au milieu de... Au bas de...

Le haut, le sommet d'un arbre, d'un rocher, d'une montagne, *summa arbor*, *summa rupes*, *summus mons.* Au haut de l'arbre, *in summâ arbore.*

Le milieu d'un arbre, d'un rocher, d'une montagne, *media arbor*, *media rupes*, *medius mons.* Au milieu du marché, *in medio foro.*

Le bas d'un arbre, d'une montagne, *ima arbor*, *imus mons.*

Le bout des doigts, *extremi digiti.*

Le fond de la mer, *imum mare.*

FIN.

TABLE DE LA MÉTHODE.

A

FIN DE LA TABLE DE LA MÉTHODE.

www.ingramcontent.com/pod-product-compliance
Ingram Content Group UK Ltd.
Pitfield, Milton Keynes, MK11 3LW, UK
UKHW031835260826
14628UKWH00001B/409

9 782014 447804